붙회떡감

붙회

붙으면 회개

떨감

떨어지면 감사

김양재 지음

QTM

ﾟ

# '붙회떨감' 가치관으로
# 인생의 모든 시험을
# 잘 통과하시기를 바랍니다!

해마다 대학 수능 시험일이 되면 각 교회에서는 '수능 기도회'가 열립니다. 꼭두새벽부터 수험생을 자녀로 둔 성도들이 교회에 구름 떼같이 모여들죠. 그리고 시험이 진행되는 동안 뜨겁게 기도하는 진풍경이 펼쳐집니다. 요즘은 교회뿐만 아니라 절에서도 이런 기도회가 어마어마한 규모로 열린다고 하더군요.

　1교시 국어, 2교시 수학, 3교시 영어…… 그러다 수험생들이 쉬는 시간이 되면 부모들도 그 시간에 맞춰서 잠깐 휴식을 취합니다. 화장실에도 다녀오죠. 점심시간에는 다 같이 점심을 먹습니다. 그러고는 오후 시험이 시작되기 전에 다시 모입니다.

"자, 5분 전입니다. 지금부터 우리 아이들이 그동안 공부한 것이 잘 생각나고 답을 잘 쓰게 해 달라고 기도합시다!"

목회자가 인도하는 대로 또다시 통성기도가 시작됩니다. 심지어 시험을 마치기 10분 전쯤에는 "모르는 게 있으면 잘 찍게 해 달라고 기도합시다!" 하는 교회도 있다고 합니다.

문제는 정작 그다음부터입니다. 그렇게 뜨겁게 기도해도 자녀들의 시험이 끝나면 부모들의 기도도 그것으로 끝입니다. 그러다가 아이가 붙으면 집마다 웃음꽃이 만발하고, 떨어지면 눈물바다를 이룹니다. 부모는 떨어진 자녀를 탓하고 하나님을 원망합니다. 그동안 그런 가정을 수없이 보았습니다.

그래서 제가 섬기는 우리들교회에서는 색다른 기도회를 시작했습니다. 해마다 수능 시험일에 기도회를 갖지만 "원하는 대학에 붙게 해 달라, 시험 잘 치르게 해 달라" 부르짖는 기도회가 아닙니다. 기도회로 모이는 시간도 좀 남다릅니다. 시험 전날이나 한창 시험을 치르고 있는 시간이 아니라, 시험을 다 치른 후인 저녁에 모입니다. 참석도 수험생과 학부모가 함께합니다. 기도만 하는 것도 아닙니다. "그동안 공부하느라 수고했다" 서로 격려도 하고, 식사도 합니다. 찬양도 부르고, 간증도 합니다. 여전한 방식으로 그날 주신 큐티 말씀도 나누죠.

그중에서도 기도회 이름이 가장 유별납니다. '붙회떨감' 기도회입니다. "붙으면 회개하고, 떨어지면 감사하자"는 캐치프레이즈의 각 어절 첫머리 글자를 조합해서 만든 이름입니다.

잘 읽으셔야 합니다. '붙으면 감사, 떨어지면 회개'가 아닙니다. '붙으면 회개, 떨어지면 감사!'입니다. 정말 세상은 이해할 수 없는 말이지요. 하지만 이 말은 제가 평신도 시절 재수생 큐티 모임을 16년 동안 인도하면서 깨달은 결론입니다. 성경 말씀에 이 '붙회떨감'의 원리가 다 담겨 있습니다. 제가 늘 전하고자 애쓰는 구속사적 가치관과 맥락을 함께한다고 할 수 있지요.

우리가 시험에 붙어도 그렇습니다. 결코 내가 잘나서 붙은 것이 아님을 알아야 합니다. 혹여라도 떨어지면 실족

할까 봐 하나님이 호호 불어 가시는 것이지요. 그래서 저는 대학에 붙은 아이들에게 늘 이렇게 권면해 왔습니다.

"네가 감당할 믿음이 안 되니까 하나님께서 네 믿음의 수준을 낮게 보고 붙여 주신 것이다. 그러니 회개해라."

반면에 떨어지면 어떤가요? 그 고난 가운데 주님을 더욱더 의지하게 되니 이야말로 주님을 만날 최고의 기회가 되는 것이죠. 그래서 붙는 것보다 떨어지는 것이 영적으로는 훨씬 유익합니다. 떨어지면 감사인 이유가 여기에 있습니다. 저는 떨어진 아이들에게는 이렇게 축복해 줍니다.

"하나님이 너를 정말 수준 높게 보시고 고난을 허락하셨구나. 너를 크게 쓰시려는 하나님의 계획이니 이보다 감사한 일이 또 있겠니. 할렐루야!"

"붙으면 회개하고 떨어지면 감사하라!"는 메시지가 이렇게 만들어졌습니다.

이 책은 저의 '붙회떨감' 설교 메시지와 붙회떨감의 가치관으로 살아 낸 우리들교회 성도들의 이야기를 함께 담은 것입니다. 그러므로 입시를 앞둔 청소년뿐 아니라 수많은 시험을 통과하고 있는 청장년들에게도 일독을 권합니다.

우리가 예수를 믿어도 입시와 취업, 결혼과 질병 등 우리 인생의 모든 여정 가운데 붙고 떨어지는 일들이 계속 이어질 것입니다.

그러나 우리는 붙었다고 잘난 척할 것도 없고, 떨어졌다고 실족할 필요도 없습니다. 그 어떤 결과도 하나님의 응답으로 받아들이는 게 중요합니다. 붙거나 떨어지거나 하나님이 주시는 그 '시기와 기회'를 잘 붙잡으면 되는 것입니다. 그리하면 통과하지 못할 시험이 없습니다.

붙거나 떨어지거나 '붙회떨감'의 가치관으로 모든 인생의 시험을 잘 통과하는 여러분 되시기를 축원합니다.

2024년 8월
우리들교회 담임목사 김양재

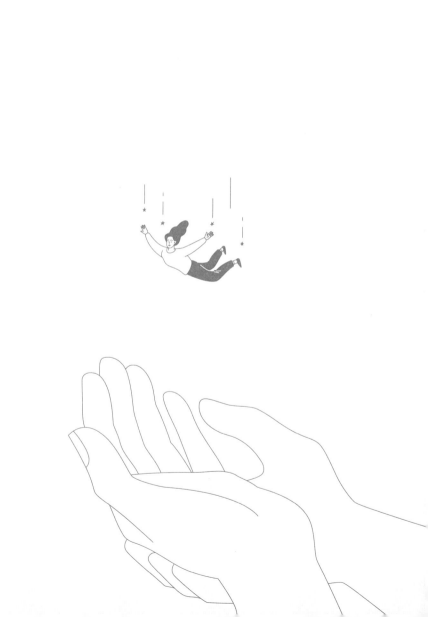

# 목차

이 책을 펴내며

'붙회떨감' 가치관으로 인생의 모든 시험을
잘 통과하시기를 바랍니다! ········ 04


제1부    왜 붙으면 회개해야 할까요?


첫째, 승리의 순간이 가장 위험합니다 ········ 14

'내가 복음' | 붙을수록 드러나는 내 믿음의 수준 |
세상 가치관 가지치기하기 | 겸손한 사람은 없고 겸손한 환경만 있다


둘째, 육이 무너지는 것만큼 영이 세워집니다 ········ 40

금 그릇보다 나은 질그릇 | 하나님께 붙어 가기 |
하나님 나라의 백성 vs 하나님 나라의 원수 | 믿음의 자녀가 되는 길


셋째, 자기 죄를 봐야 십자가를 질 수 있습니다 ········ 62

세상 성공에 취한 인생 | 내 부족함만 보고 가기 |
할 말 없는 인생 | 요셉이냐? 유다냐!


넷째, 회개만이 살길입니다 ········ 82

저주 같은 축복 | 최후 승리를 얻기까지 |
복이 넘칠수록 회개해야 할 이유 | 악하고 음란한 이방 가치관

**제2부    왜 떨어지면 감사해야 할까요?**

**첫째, 별 인생 없습니다** ········ 108

주님 만날 타이밍, 흉년 | 떨어지는 게 인생의 끝은 아니다! |
떨어질수록 올라가는 은혜 | 요동하지 않는 비결

**둘째, 떨어진 나를 하나님이 주목하십니다** ········ 140

머릿돌의 영성 | 떨어져도 감사 |
택한 자는 염려할 것이 없다 | 진짜 실패한 인생

**셋째, 기복이 아니라 팔복입니다** ········ 166

떨어진 이야기를 계속 들어야 하는 이유 |
환난 가운데 들리는 나팔 소리 | 돌아온 탕자 |
십자가 없이는 부활도 없다

**넷째, 최후 심판이 있어야 하나님 나라가 세워집니다** ···· 190

우렛소리로 오시는 하나님 | 말씀의 예방주사 |
최고의 인생 | 고난이 축복인 이유

이 책을 마치며

**붙어도 복이고 떨어져도 복입니다** ········ 214

# 제1부

# 왜 붙으면
# 회개해야 할까요?

첫째,
# 승리의 순간이
# 가장 위험합니다

## '내가 복음'

2018년 11월 14일, 2019학년도 대학수학능력시험이 치러
지기 전날이에요. 한 기독교 일간신문에서 다음과 같은 기
사를 보았습니다.

> 2019학년도 대학수학능력시험(수능)이 전국 고사장에서 15일
> 일제히 치러진다. 이에 주요 교회들은 이날 '수능 기도회'를
> 갖고, 수험생들과 이들의 부모를 위해 기도할 예정이다. A 교
> 회는 15일 오전 8시 40분부터 총 4회에 걸쳐 '하나님께 소망
> 을 두라'라는 주제로 수능 기도회를 갖는다. …… B 교회도 이

날 오전 8시 30분부터 베들레헴 성전에서 수능 기도회를 개최한다. 이 교회는 지난 11일 낮 3부 예배 때 '수험생들을 위한 축복기도'도 진행했었다. 이 밖에 C 교회, D 교회, E 교회, F 교회, G 교회 등 다수의 교회들이 이날 수능 첫 시험 시간인 오전 8시 40분에 즈음해 수능 기도회를 마련한다.

뭐 여기까지는 그러려니 했어요. 그런데 그다음 기사 내용이 저를 놀라게 했습니다.

다만 우리들교회(담임 김양재 목사)는 수능이 끝난 후인 저녁 7시 30분 판교 채플에서 '붙회떨감' 수능 기도회를 진행한다. '붙회떨감'은 '붙으면 회개 떨어지면 감사'의 준말이다.

당시 교회에서 보도자료를 보내거나 기자가 와서 인터뷰해 간 것도 아닌데 이런 기사가 보도된 것입니다. 제가 평신도 시절 재수생 큐티 모임 때부터 '붙회떨감' 가치관을 부르짖고 왔는데, 무려 35여 년이 지나서야 이 말이 세상에 알려지게 된 것입니다.

그런데 그때나 지금이나 이 나라 교회의 수능 기도회 모습은 변함이 없는 것 같아요. 입시를 준비하는 아이들의 기도 제목도 여전합니다. 백이면 백 "대학에 붙게 해 주세요"입니다. 그러고는 다들 이렇게 서원하지요.

"하나님! 붙게만 해 주시면 교회에 더 열심히 나갈게요. 큐티도 하고, 봉사도 하고, 전도도 꼭 할게요."

하지만 저는 합격한 아이들이 그 서원을 제대로 지키는 것을 보지 못했습니다. 자기들 말대로 교회를 더 열심히 다니고, 봉사도 더 많이 하고, 큐티도 더 열심히 하는 모습을 거의 못 봤어요. 대학에 입학하고 나면 마치 "내가 언제 그랬냐?"는 듯 약속을 어기고, 예배조차 등한시하는 것을 많이 봅니다. 시대는 참 많이 변했지만, 예나 지금이나 합격한 아이들의 '공수표'도 여전하지요. 이유가 무엇일까요?

다들 입시를 준비할 때는 '천부여 의지 없어서' 두 손 들고 나아갑니다. 하지만 막상 합격해서 대학에 들어가면 그 앞에 새로운 세상이 펼쳐지잖아요. 그야말로 젖과 꿀이 흐르는 대학 생활이 시작됩니다. 이전엔 배운 적도 없고,

알지도 못한 신들이 아이들을 유혹하죠. 미팅 신, 게임 신, 클럽 신, 다이어트 신……. 그렇게 각종 신을 섬기다가 결국 세상으로 흘러 떠내려가는 겁니다.

제가 처음 재수생 모임을 시작하던 해에 7명이나 S대에 붙는 역사(?)가 일어났어요. 그래서 "재수생 큐티 모임에 오면 S대에 찰싹 붙는다" 하며 저도 자랑하고 다녔습니다.

그런데 말입니다. 그 아이들이 대학에 입학하고 나서는 다 어디로 갔는지 지금도 소식을 모릅니다. 다른 이유가 없어요. 남이 가기 어려운 명문 대학에 딱 붙고 나니까 갑자기 '내가 복음'이 된 것이죠. 더구나 단번에 대학에 붙을수록 내 능력, 내 실력으로 붙은 줄 착각합니다.

그래서 '내가 복음'이 되면 기도도 안 합니다. 당연히 말씀도 안 봅니다. 그러다 보면 입시보다 훨씬 중요한 취업과 결혼 문제에서도 마음대로 결정을 내리게 됩니다. 더는 하나님을 의지할 필요가 없다고 여기죠.

그뿐만이 아닙니다. "믿는 친구 사귀어라, 신(信)교제해라" 그러면 "왜 사생활 침해하냐"며 따지고 듭니다. 프라이버시 운운하죠. 혼전순결도 우습게 여깁니다. 마치 내

17

일이 마지막인 것처럼 성전인 내 몸에 '부어라, 마셔라' 하며 술을 들이붓습니다. 자신이 무엇을 위해 대학에 갔는지 조차 다 잊어버립니다.

학교도 직장도 척척 붙고, 그래서 내 능력으로 뭐든지 잘할 수 있다는 교만에 빠지면 결혼 문제도 예외가 아닙니다. 정말 중요한 인생의 동반자, 믿음의 배필을 만나야 하는데, 믿음의 배우자를 만나기 위해 대학입시 때 했던 수고의 200분의 1도 하지 않습니다.

너무 아이러니하지 않습니까? 그러면서 '내가 어려운 입시도 잘 치렀는데, 이까짓 결혼쯤이야'라고 생각합니다. '저 남자, 저 여자 마음 하나 내가 못 잡겠어? 저 남자, 저 여자 교회 나가게 하는 것쯤이야 내가 할 수 있지' 하며 스스로 과신합니다.

그러나 주님은 "사람 중에 높임을 받는 그것은 하나님 앞에 미움을 받는 것이니라"(눅 16:15) 하셨습니다.

저는 어릴 때부터 피아노를 치며 사람 중에 높임을 받으려고 했습니다. 하나님이 미워하시는 일을 하기에 여념이 없는 세월을 살면서도 그게 죄인 줄도 몰랐죠. 특별히 수험생 시절에는 "하나님, 이 대학만 붙게 해 주시면 제가 나중에 꼭 주님을 위해 살게요!" 하며 서원기도도 참 많이 했습니다.

하지만 그 무렵 집이 망해서 피아노 레슨도 제대로 못 받았습니다. 게다가 피아노를 전공한 여느 아이들처럼 엄마의 뒷바라지도 받지 못했지요. 그래서 실기시험에서 실수도 더러 했습니다. 그러니 어떻게 제가 최고의 대학에 붙을 수 있겠습니까? 정말 하나님이 붙여 주신 것이 맞지요.

그러나 막상 제가 원하던 대학에 붙고 나니까 자만심이 생겼습니다. "하나님이 붙여만 주시면~" 하던 서원도 까마득히 잊어버렸지요. 주님이 저를 쓰시기 위해 힘든 가정환경에서도 기적같이 피아노도 치게 하시고 명문 대학에도 들어가게 하셨는데, 당시 저는 그 모든 걸 내 힘으로 이루었다고 착각했어요.

우리는 사명 때문에 와서 사명 따라 살다가 사명대로 가는 인생입니다. 그런데 저는 야망 때문에 공부하고, 야망 때문에 피아노 치고, 야망 때문에 결혼했습니다. 피아노로 승승장구하며 인생에서 붙고 붙는 일만 있으니 어느새 '내가 복음'이 되어 하나님을 등지고 살았던 것이죠. 그러니 제 안에 이런 정욕과 더러움이 있는지도 몰랐습니다.

　　그렇습니다. 성도에게 제일 위험할 때는 승리의 순간입니다. 우리는 하나님의 은혜가 아니면 어떤 작은 유혹도 이길 수 없는 인생이기 때문입니다. 그러므로 승리의 때일수록 내게 선한 것이 하나도 없음을 알고, 주님 앞에 엎드려야 합니다.


## 붙을수록 드러나는 내 믿음의 수준

글로벌 IT 기업의 한국 지사장인 장로님이 이런 간증을 했습니다.

　　얼마 전에 세계적인 기업에서 스카우트 제의가 들어왔습니다. 그래서 화상으로 외국의 다른 CEO들과 함께 다각도로 면접을 보는데 "지금까지 인생을 살면서 크게 깨달은 게 무엇인가?"라는 질문을 받았습니다. 그때 제 입에서 목사님께 들은 말씀이 자동으로 튀어나왔습니다. "문제를 알면 문제가 아니고 문제를 모르는 것이 문제다. 전 세계 우수한 기업들이 문제를 모르는 것이 문제이기에 원인 파악을 위해 그토록 많은 돈과 시간을 쓰고 있지 않은가?" 그랬더니 CEO들이 제 말을 자기네 노트에 받아 적기까지 하는 것 아니겠습니까. 그러면서 제게 "이 말을 다른 데서 써먹어도 되겠느냐"고 물었습니다. 그래서 "그러라"고 했지요. 그렇게 저는 우리들교회에서 배운 대로 이야기한 것밖에 없는데 얼마 후 그 기업에서 합격했다는 연락을 받았습니다.

제가 이 간증을 소개하는 것은 이 장로님이 세계적인 대기업에 붙은 것을 자랑하기 위해서가 아닙니다. 정작 중요한 것은 그다음부터의 이야기입니다.

이 장로님은 합격 소식을 들은 순간 '이 대기업으로 가야 하나 말아야 하나?' 고민에 빠졌습니다. 그래서 평소 7번 듣던 제 주일설교를 15번씩이나 반복해서 들었답니다. 그래서 이분이 얻은 결론이 무엇일까요?

북이스라엘 왕들도, 남유다의 왕들도 환경이 좋아지니 하나같이 악하고 음란한 아합의 길로 갔다는 설교 말씀을 들었습니다. 여전히 미친 듯이 일하는 저의 모습이 평강 없는 예후의 모습 그대로였습니다(왕하 9장). 말씀을 통해 이 땅에서의 허무함과 저의 한계를 다시금 알게 해 주셔서 감사합니다. 세상에서의 합격에 비할 바 없는 천국 합격이야말로 저와 제 가정의 궁극적인 목적이 되어야 한다는 것을 다시금 깨닫게 해 주셔서 감사합니다. 참된 평안은 오직 예수님 안에 있다고 깨우쳐 주신 하나님, 감사합니다.

환경이 좋아지면 인간은 악하고 음란한 길로 갈 수밖에 없습니다. 그러니 붙을수록 내 믿음의 수준이 낮음을 보아야 합니다. 그런데도 세상 성공에 취했다가 화를 자초하는 분이 한둘이 아닙니다.
한 집사님의 고백입니다.

저는 출세 가도를 달리느라 야근과 철야를 반복하며 가정과 예배를 등한시했습니다. 음주와 음란을 일삼으면서도 직장

다니는 남자라면 누구나 다 하는 생활이라며 저의 악행에 스스로 면죄부를 주었습니다. 그러면서도 아이들에게는 "좋은 대학 가야 부자로 살 수 있다" 강요하며, 공부와 학원으로 자녀들을 밀고 또 밀어 넣었습니다. 저는 공부에 방해된다며 아이들의 핸드폰을 빼앗고, 이성 친구도 강제로 못 만나게 했습니다. 무엇보다 입시를 앞두고 힘들어하는 아이에게 위로는 커녕 질책과 책망을 쏟아부으며 큰 상처를 주었습니다.

우리가 전쟁에서 빈틈없이 작전을 세워도 하나님이 하늘에서 비 한번 내리시면 모든 계획이 무용지물이 됩니다. 내가 밤새워 공부하고 고액 과외를 받는다고 해도 그렇지요. 시험 당일에 아프면 말짱 도루묵 아닙니까.

결국 이 집사님의 딸은 집사님의 열심에도 불구하고 공부에서 멀어지고 말았습니다. 급기야 친구들과 어울리며 가출까지 감행했죠. 그때라도 이분이 자신의 잘못을 돌이키고 딸에게 용서를 구했다면 얼마나 좋았을까요? 하지만 집사님은 사과는커녕 딸에게 폭력을 일삼았습니다. 그래서 딸은 얼굴에 시퍼런 멍이 든 채로 중학교 졸업사진을

찍기도 했습니다. 한번은 아들에게 손찌검을 해서 아들의 고막이 찢어지는 바람에 이분이 법원에서 1년간 보호관찰 처분을 받은 적도 있답니다.

이 집사님의 딸은 고등학교 1학년을 힘겹게 다니다가 끝내 자퇴하고 말았습니다. 이후 국제학교에 입학했지만, 그마저도 얼마 못 갔습니다.

이처럼 우리 주위에는 예수를 믿는다고 하면서도 학벌과 돈, 성공에 인생의 목적을 두고 살아가는 인생이 많습니다. 그러나 좋은 대학이, 좋은 직장이 나를 살려 주는 게 아닙니다. 예수님은 "사람이 만일 온 천하를 얻고도 제 목숨을 잃으면 무엇이 유익하리요 사람이 무엇을 주고 제 목숨과 바꾸겠느냐"(마 16:26)라고 하셨습니다. 내 명예가 나를 살려 주는 게 아닙니다. 자기를 부인하고, 자기 십자가를 지고, 주님을 따라야 영원한 생명을 얻을 수 있습니다.

그런데 이 집사님이 내 힘으로 할 수 있는 것이 아무것도 없음을 인정하자 하나님의 은혜가 임하기 시작했습니다. 자기를 부인하니 비로소 말씀이 들리게 된 것이죠. 한없이 힘들어하는 딸을 보며 그제야 이기적인 정욕으로 가정을 돌보지 않은 자기 죄가 깨달아졌답니다. 집사님은 성공 우상에 빠져 자식을 공부로만 내몬 죄를 회개하고, 술과 담배는 물론 음란한 생활을 모두 끊었습니다. 지금은 주일학교 청소년부 교사가 되어 자식 같은 아이들을 섬기고 있습니다. 그런데 이렇게 섬기다 보니 비로소 두 자녀의 일탈이 이해되어 자녀들과 소통이 잘 되더랍니다.

우리가 붙으면 붙을수록 내 믿음의 수준이 낮음을 보아야 하는 이유가 무엇입니까? 회개만이 나를 살리고 내 가정을 살리기 때문입니다. 그리하면 남은 전쟁은 하나님이 싸워 주십니다.


## 세상 가치관 가지치기하기

출애굽기 26장에서 하나님은 모세에게 성막의 모양을 수치까지 하나하나 정확히 가르쳐 주십니다. 굳이 이렇게까지 하신 이유가 무엇인가요? "하나님의 말씀은 하나하나 어김없이 따르고 정확히 지켜야 한다"는 것이죠. 우리가 땅끝에 있을지라도(시 61:2) 그래요. 아무리 힘들고 어려운 일이 있어도 오늘 하나님이 말씀하시는 대로 잘 따라가야 합니다. 또 말씀하시는 대로 잘 기다려야 합니다.

그런데 왜 우리는 잘 기다리지 못할까요? 왜 자꾸 쓸데 없는 짓을 하다가 죄다 무용지물로 만들어 버리는 걸까요?

십수 년 전에 아이들을 데리고 유학을 떠난 한 집사님이 제게 상담을 청해 왔습니다. 나름 신앙생활도 열심히 하고 남들 보기에는 아무런 문제가 없어 보였죠. 그런데 정작 본인에게는 즐거움이 없다고 했습니다. 그 집사님은 남편만 혼자 두고 떠나와서 7, 8년 동안 힘들게 아이들을 키웠는데 자녀들도 휴학하고 공황장애로 힘들어한답니다. 본인도 늘 불안해하고요. 그래도 이분이 전에는 안 들리던 설교가 이런 고난이 오니까 좀 들린다고 합니다. 자동차로 오가면서 몇 시간씩 제 설교를 듣는데 너무 기쁘더랍니다. 그런데 문제는 말씀을 들을 때는 잠시 기쁘다가도 혼자 큐티할 때는 여전히 불안하고 힘들다는 겁니다.

우리가 아무리 매일 새벽기도를 드리고 열심을 내어 신앙생활을 해도 그래요. 여전히 내 욕심이 정리되지 않으면 늘 마음이 불안할 수밖에 없습니다. 왜 아이들 유학을 빌미로 7, 8년을 남편과 떨어져 삽니까? 그것부터가 욕심입니다. 그래서 남들이 보기에는 편해 보여도 날마다 불편한 인생을 살고 있는 것입니다.

저 역시나 청년의 때에는 좋은 학교에 붙으면 최고인 줄 알았습니다. 그래서 최고가 되기 위해 늘 강박에 사로잡혀 살았습니다. 하루라도 피아노 연습을 제대로 못 하면 불안했습니다. 버스가 늦게 가도 '이 시간에 피아노 연습해야 하는데' 하면서 불안해했죠. 인격적으로 주님을 만나기 전에 그랬다는 겁니다. 지금은 완전히 달라졌지요. 그런 것 하나 안 해도 불안하지 않습니다.

공부도, 건강도, 사업도, 결혼도 불안함의 근원에는 늘 돈이 있습니다. 예배를 드리면서도 불안한 것은 돈 때문이고, 세상에 나가서도 교회에 와서도 다 돈 때문에 불안하게 살아갑니다. 이처럼 한번 돈의 노예가 되면 영원한 노예가 되기 십상입니다. 이 노예근성이 없어지기까지 평생이 걸리죠. 그래서 주님이 '자유자'로 우리를 부르셔도 누리지를 못합니다.

창세기 16장에 나오는 사라의 여종 하갈이 그랬어요. 그녀가 아브라함 가문에서 평강을 누리며 여생을 보냈다면 얼마나 좋았을까요. 그러나 하갈은 아브라함의 씨를 받아 임신하자 그 여주인인 사라를 멸시합니다. 사라는 하갈을 학대하고, 결국 하갈은 도망가죠. 하나님은 그런 하갈을 살피사 살려 주시고, 아브라함의 집으로 다시 돌아오게 하십니다. 그런데도 하갈과 그의 아들 이스마엘은 여전히 정신을 못 차리고 비교와 멸시를 일삼다가 결국 쫓겨나고 말았습니다(창 21장).

생각해 보세요. 하갈은 사라의 호의로 아브라함과 동침해서 아들을 낳는 기가 막힌 은혜를 받았습니다. 실상 하갈에게는 아무런 자유가 없었어요. 사라를 멸시하고, 이삭을 희롱할 자격이 전혀 없었어요. 그런데도 하갈이 이스마엘이 생기고 입장이 바뀌자 태도가 확 달라졌습니다. 바로 노예근성 때문입니다.

이때 아브라함도 그렇습니다. 이스마엘은 영적 상속자인 이삭이 태어나기 전까지만 해도 부모에게 기쁨을 주는 효자 역할을 톡톡히 했습니다. 그러나 때가 되면 세상적인 아들 이스마엘은 정리해야 했습니다. 아브라함은 예수 안 믿는 배우자 하갈과 살면서 "어떻게든 상속자를 낳으면 그만이다"라는 세상 가치관을 끊어 내야 했습니다. 성도의 갈 길은 영원한 본향이지 이 땅에서 평생 잘 먹고 잘사는 게 아니기 때문입니다.

갈라디아서 4장 29절과 30절에 보면 "그 때에 육체를 따라 난 자가 성령을 따라 난 자를 박해한 것 같이 이제도 그러하도다 그러나 성경이 무엇을 말하느냐 여종과 그 아들을 내쫓으라 여종의 아들이 자유 있는 여자의 아들과 더불어 유업을 얻지 못하리라" 하였습니다.

그렇다고 믿지 않는 배우자를 내쫓고 이혼하라는 말이 아닙니다. 믿지 않는 배우자라도 나를 잘살게 해 주면 그만이라는 나의 세상 가치관을 끊으라는 것이죠. 이제부터라도 내 눈에 보기 좋은 돈과 학력과 스펙과 외모의 이스마엘을 끊으라는 겁니다. 그걸 내쫓지 못하면 날마다 돈과 학력과 스펙과 외모에 굴욕당할 수밖에 없습니다. 그 이스마엘만 끼고돌면, 돈 많고, 학력 좋고, 스펙 빵빵하고, 외모가 반드르르하면 풍성한 삶을 살 수 있을 것만 같습니까? 전혀 그렇지 않습니다.

물론 아브라함에게 잘난 이스마엘과의 헤어짐은 쉽지 않았지요. 아브라함도 이스마엘의 장래가 걱정되지 않았겠습니까. 하나님은 이런 아브라함에게 "근심하지 말라" 하시면서 "여종의 아들도 네 씨니 내가 그로 한 민족을 이루게 하리라"(창 21:12~13) 약속하십니다. "네가 이스마엘을 내쫓으면 내가 이스마엘을 책임지겠다"는 말씀이지요.

그런데도 이스마엘을 포기하지 못하는 집착이 우리 안에 있습니다. 아브라함은 "내가 너로 큰 민족을 이루고 네게 복을 주어 네 이름을 창대하게 하리니 너는 복이 될지라"(창 12:2)는 하나님의 약속을 이미 받았는데도 '과연 정말 그럴까?' 생각했습니다. 그래서 그게 빨리 안 될 것 같으니까 자기 열심이 발동해서 가만히 있지 못 하고 서둘러 하갈을 통해 이스마엘을 낳았던 것입니다.

이것은 비단 아브라함만의 문제가 아닙니다. 우리 역시 마찬가지입니다. 하나님의 방법보다 세상 방법을 의지하여 어떻게 해서든 붙고 또 붙으려고 합니다. 세상에서 이기고 또 이겨야 하니까 스펙 쌓기에 바쁩니다. 결국 예수를 믿어도 평안이 없는 것은 바로 이런 이스마엘 가치관 때문입니다. 우리가 세상 가치관을 가지치기해야 하는 이유가 여기에 있습니다.

## 겸손한 사람은 없고 겸손한 환경만 있다

출애굽기 32장 1절을 보면 "백성이 모세가 산에서 내려옴이 더딤을 보고 모여 백성이 아론에게 이르러 말하되 일어나라 우리를 위하여 우리를 인도할 신을 만들라 이 모세 곧 우리를 애굽 땅에서 인도하여 낸 사람은 어찌 되었는지 알지 못함이니라"라고 합니다.

모세가 시내산에서 더디 내려오니 백성이 클클증이 나서 견디지를 못합니다. 그래서 자기들끼리 신을 만들자고 합니다. 지도자인 아론도 예외가 아니었어요. 가만히 있으면 중간이라도 갈 텐데 '나도 이때 지도력을 발휘해야겠다'는 욕망을 품었습니다.

그러다 어찌 되었나요? 분별력을 잃고 백성에게 휘둘

려서는 금 고리를 가져오라고 합니다(출 32:2).

모세는 금과 은과 놋으로 성막 지을 사명을 품고 산에서 내려오고 있는데, 아론은 백성의 금 고리를 거두어서 금송아지 만들 생각만 합니다.

그런데 여러분, 이게 출애굽한 지 불과 두 달 만에 일어난 일이에요. 우리가 대학 시험에 붙고 취직 시험에 붙은 지 두 달밖에 안 됐는데, 내 욕망에 사로잡혀 금 고리부터 챙긴 것이나 다름없지요.

하나님은 400여 년 동안 애굽에서 노예로 살던 이스라엘 백성을 구원해 주셨어요. 그런데 모세가 십계명을 받으려고 시내산에 올라간 그새를 못 참고 아론과 백성이 금송아지를 만든 겁니다. 그러면서 그것을 하나님이라 칭하고 절까지 합니다. 애굽에서 구해 줬는데도 정신을 못 차립니다. 힘들 때만 "하나님, 하나님" 찾다가 살려 주시면 다시 세상으로 돌아갑니다. 그 이유가 무엇일까요?

노예근성이 여전해서입니다. 노예의 특징이 무엇입니까? 노예는 주인을 두려워합니다. 야단맞을까 봐 늘 전전긍긍하죠. 주인이 그냥 있는데도 괜히 눈치를 봅니다.

그래서 눈치가 100단입니다. 열심히 일하다가도 주인이 나타나면 깜짝깜짝 놀라고 안식이 없습니다. 당연히 매사에 자원함도 없고 기쁨도 없죠. 그러다가 자기보다 아래인 노예가 들어오면 자신이 당한 것보다 더 혹독하게 그를 대합니다.

우리도 믿기 전까지는 세상의 노예로 살았습니다. 하나님의 자녀가 되었으면 노예근성을 그만 버려야 하는데, 쉽사리 버리지를 못합니다. 대학에 붙고, 취직 시험에 붙어도 그래요. "학벌이 이것보다는 더 좋아야 하는데, 이번에는 꼭 승진해야 하는데, 영어를 잘해야 하는데, 자격증이라도 하나 더 따야 하는데……" 하면서 좀체 가만있지를 못합니다. 영어도 못하고, 자격증도 없으면 마치 큰일이라도 날 것 같아 두려움에 벌벌 떱니다. 물론 이렇게 노력하는 게 나쁘다는 뜻이 아닙니다. 사명 없이 하는 이런 노력은 결국엔 금송아지를 만드는 것과 다름없다는 것이죠.

하나님은 우리에게 사명을 감당하라고 출애굽을 허락해 주셨습니다. 그래서 입시에도 붙여 주시고, 직장에도 붙여 주신 겁니다.

그런데 우리는 어떻습니까? 정작 붙으면 금송아지 만들기에 여념이 없습니다. 이스라엘 백성처럼 그저 그 앞에서 먹고 마시며 일어나서 뛰놀기에 바쁩니다(출 32:6). 그러면서도 "나는 출애굽했어, 구원의 확신이 있어" 하며 믿음 있는 척을 합니다.

그러나 하나님은 이런 우리의 모습을 다 보고 계십니다. 그래서 이스라엘 백성이 제아무리 번제와 화목제를 드려도 그들에게 "부패하였도다"라고 말씀하신 것입니다(출 32:7). 나는 붙고 또 붙는 인생을 살면서 승승장구하고 있는데 하나님으로부터 이런 책망을 받는다면 여러분은 어떻게 반응하겠습니까? "나는 아닌데요. 내가 부패한 거 보셨어요?" 이러겠습니까? 아니면 "맞습니다. 저는 만물보다 거짓되고 심히 부패한 죄인입니다"(렘 17:9) 고백하겠습니까? 그동안 돈이 없고 시간이 없어서 남들보다 즐기지 못하다 보니 부패가 좀 덜할 수는 있겠죠. 그렇다고 '나는 부패하지 않았다'고 착각해선 안 됩니다.

그랬다가는 다들 목이 뻣뻣한 백성 신세가 되어 하나님의 진노와 진멸을 면치 못할 것입니다(출 32:9~10). 성막 지을 때 써야 할 금으로 쓸데없이 금송아지 우상을 만들었다가는 다 가루로 날려 버릴 뿐입니다(출 32:20). 제 주장이 아닙니다. 출애굽기 32장에 그대로 다 기록되어 있습니다.

그러므로 우리는 환경이 좋아질수록 금송아지를 섬기는 나의 부패한 모습을 볼 수 있어야 합니다. 겸손한 사람은 없고, 겸손한 환경만 있기 때문입니다.

# Question & Think

'내가 복음'을 경계해야 합니다

Q. 내가 고난을 감당할 만큼 믿음의 수준이 안되고, 떨어지면 실족할까 봐 하나님이 붙여 주신 것이 인정되세요? 그런데도 내 능력으로 얼마든지 잘할 수 있다고 자만하는 것은 무엇인 가요?

.......................................................................................
.......................................................................................
.......................................................................................

붙을수록 내 믿음의 수준이 낮음을 보아야 합니다

Q. 잘되면 잘될수록 내 부족함이 보입니까? 세상 성공에 취해 나도 모르게 자랑하는 것은 무엇인가요? 내 수치를 솔직히 오 픈하고 내 죄를 회개함으로 주님이 주신 은혜는 무엇인가요?

.......................................................................................
.......................................................................................
.......................................................................................
.......................................................................................

세상 가치관부터 가지치기해야 합니다

Q. 교회에 다녀도 늘 내 마음을 불편하게 하고, 불안하게 하는 것은 무엇입니까? 공부도, 건강도, 사업도, 결혼도 그 불안함의 근원에는 돈에 대한 욕심이 자리 잡고 있다는 게 인정되나요? 내가 가지치기해야 할 이스마엘 가치관은 무엇인가요?

........................................................................................

........................................................................................

........................................................................................

........................................................................................

........................................................................................

환경이 좋아질수록 더욱 금송아지를 섬기기 마련입니다

Q. 금송아지 만들려고 열심히 거두고 있는 나의 금 고리는 무엇입니까? 대학에 붙고 취업이 되면 가장 먼저 무엇을 하고 싶나요? 금송아지 앞에서 먹고 마시며 일어나서 뛰놀고 싶습니까? 하나님의 자녀가 되었음에도 여전히 버리지 못하는 노예 근성은 무엇인가요?

........................................................................................

........................................................................................

모태신앙인으로 태어난 저는 큰 고난 없이 자랐습니다. 그러
나 부모님이 모두 명문대를 나오신 데다 강남 8학군에서 학교
생활을 하다 보니 중학생 때부터 성적에 대한 부담이 생기기
시작했습니다. 그래서 매번 스스로를 압박하며 엄청난 부담
감을 가지고 시험을 준비했습니다.

이후 고등학교에 올라와서 아버지의 추천으로 육군사관학교
입시를 준비했습니다. 하지만 저는 하나님의 뜻과는 상관없이
오직 명예를 얻고, 인정받으려는 마음으로 입시를 준비했습니
다. 그러다 결국 육군사관학교 시험에 떨어졌습니다.

저는 입시를 준비하면서 이스라엘 백성이 아론에게 금송아지
우상을 만들게 하고 섬긴 것처럼(출 32장) 유튜브 동영상과 친
구들을 금송아지처럼 숭배하며 의지했습니다. 그러다 보니 부
모님과 갈등이 잦아졌습니다. 한번은 공부를 소홀히 한다는
이유로 부모님께 뺨을 맞기도 했습니다. 그래서 반발심에 부
모님 몰래 영화를 보러 가려고 했는데, 그마저 발각되어 혼나
고 말았습니다. 더욱이 수능을 한 달 앞두고는 코로나19에 걸
려 기침 때문에 며칠을 잠도 제대로 잘 수 없었습니다. 이렇게

순탄치 않은 수험생활이 계속되자 저는 힘든 시간을 허락하신 하나님을 원망하기도 했습니다.

그런데 수능 시험을 며칠 앞두고 "이스라엘 자손이 호렙 산에서부터 그들의 장신구를 떼어 내니라"(출 33:6)는 큐티 말씀을 묵상하다가 제가 떼어 내야 할 장신구가 바로 저의 우상인 유튜브 동영상과 친구라는 것이 깨달아졌습니다. 그 후로 매일 공부를 시작하기 전에 큐티 말씀을 보며 하나님께 기도했고, 감사하게도 수능을 잘 치를 수 있었습니다.

그동안 하나님의 뜻을 구하기보다 명예와 인정을 얻기 위해 좋은 학교에 가고자 했던 것을 회개합니다. 앞으로도 더욱 주님과 말씀으로 소통하고 믿음의 공동체와 함께하는 제가 되기를 기도합니다. 연약한 저를 여기까지 인도해 주신 하나님께 찬양을 올려 드립니다.

둘째,

# 육이 무너지는 것만큼
# 영이 세워집니다

## 금 그릇보다 나은 질그릇

교회에 다니면서도 영혼 구원에는 관심이 없고, 그저 편하고 풍족한 환경만을 원하는 사람이 적지 않지요. 그런 분들을 보면 무엇이든 붙게만 해 달라는 기도를 참 열심히 합니다. 물론 대학에 합격하고 사업이 번창해서 하나님께 영광 돌릴 수 있습니다. 하지만 우리는 근본적으로 육적인 성공을 우선시하며 잘 먹고 잘살기 위한 기도만 해서는 안 됩니다. 왜 그렇습니까? 우리의 육이 무너진 만큼 영이 세워지기 때문입니다(고후 5:1~4).

복음의 진리는 단순합니다. 예수 그리스도를 믿으면

천국이고 안 믿으면 지옥입니다. 이 진리를 모르고 지옥을 향해 가는 가족을 보면서 어찌 안타까워하지 않을 수 있겠습니까? 내 자녀가 공부 잘하고 효도해서 나를 기쁘게 하고, 내 배우자가 돈 잘 벌어서 좋은 집에 살게 해 주어도 그렇죠. 여러분이라면 이런 자녀, 이런 배우자가 지옥에 가도록 그냥 내버려 두겠습니까? 내 자녀, 내 배우자가 화려한 금 그릇이면 뭐합니까? 금 그릇은 아무리 두드려도 깨지지 않지요. 질그릇이 되어야 깨어집니다. 그래야 하나님의 뜻대로 빚어질 수 있습니다.

제 남편은 의사라는 번듯한 직업에 생전 바람도 안 피웠습니다. 세상에 그런 효자가 없었지요. 매사에 성실하고 부지런했어요.

하지만 장로님, 권사님의 아들이면서도 정작 예수를 믿지 않았습니다. 제가 거듭나고 나서 보니 남편이야말로 깨지기 어려운 금 그릇임을 알았습니다. 그러니 그 남편 때문에 제가 너무 애통하지 않았겠습니까. 날마다 회개하며 눈물로 기도할 수밖에 없었죠.

"하나님, 저 사람이 저렇게 개미처럼 일만 하다가 지옥에 가면 어찌합니까? 오늘이라도 남편에게 예수 믿을 계기를 허락하셔서 인생이 허무하다는 것을 알게 해 주세요. 저의 생명을 거두어 가셔서라도 남편이 예수 믿게 해 주세요."

하나님은 제 눈물의 기도에 남편이 급성 간암에 걸려 하루 만에 천국에 가는 것으로 응답해 주셨습니다. 금 그릇처럼 깨질 것 같지 않던 남편은 화급을 다투는 그 짧은 시간에 산부인과 의사로서 낙태한 죄를 회개하고 주님을 영접했습니다. 제가 남편의 성공을 통해 누리는 부유함과 안락함보다 오직 구원을 간절히 원했기에 하나님이 저의 기도에 응답해 주셨다고 생각합니다.

우리들교회 청년부의 한 자매 이야기입니다.

지방에서 양계장을 운영하던 아버지가 쓰러지면서 이 자매 가정에 흉년이 찾아왔습니다. 생계를 위해 장녀인 자매가 빵집을 차리고 온 가족이 달라붙어 빵집 운영에 매진했답니다. 그러자 한 달 순수익이 천만 원을 훌쩍 넘을 정도로 빵집이 잘됐다고 합니다. 겉으로는 모든 일이 잘 흘러가는 듯 보였지요.

그런데 돈을 벌수록 자매의 삶은 피폐해졌습니다. 빵집에 매여 교회도 못 가고, 주일에 사람을 쓰자니 아무에게나 빵 굽는 일을 맡길 수도 없었답니다. 그렇게 밤낮없이 일에 치여 사니 몸도 지치고 어느새 기쁨도 사라졌습니다. 그러다 이 자매가 기독교 방송을 통해 제 설교를 듣고, '이렇게 일만 하다가 죽을 수는 없다!'는 생각이 들었답니다. 그래서 잘되는 빵집을 고민도 없이 팔아 버렸습니다. 그리고 "우리들교회로 가자!" 선포하고서 그길로 온 가족이 서울로 올라왔답니다.

정말 놀랍지 않으세요? 시골에서 그런 큰돈을 번다는 건 기적 같은 일입니다. 황금알을 낳는 거위를 가진 것과도 같지요. 그런데 그걸 버리고 온 가족이 우리들교회로 올라온 것입니다. 여러분은 상상도 못 할 일 아닙니까?

한창 돈을 벌 무렵 이 자매는 바빠서 교회에 못 가는 대신 선교단체에 열심히 헌금하면서 스스로를 의인이라고 생각했답니다. 그러다 말씀을 듣고 발걸음을 옮겨 우리들교회에 온 후 자신이 얼마나 큰 죄인인지 깨달았다고 합니다. 하나님이 자매를 인격적으로 만나 주신 것이지요. 할렐루야!

그렇습니다. 이 세상 제일가는 축복은 사업이 번창하는 것도, 좋은 학교에 들어가는 것도 아닙니다. 내가 죄인임을 아는 것입니다.


## 하나님께 붙어 가기

요한계시록 2장에 나오는 에베소 교회는 너무나 멋있어 보입니다. 사도 바울이 개척한 데다가 사도 요한이 마지막 담임목사였죠. 그 사이에 디모데와 아볼로, 브리스길라와 아굴라 같은 세계적인 목회자들도 거쳐 갔습니다.

그런데 요한계시록 2장 4절에 보니 "그러나 너를 책망할 것이 있나니 너의 처음 사랑을 버렸느니라"라고 합니다. 에베소 교회를 모두가 부러워하는데, 이 교회가 첫사랑을 잃어버렸다는 겁니다. 에베소 교회는 왜 그랬을까요? 한마디로 너무 잘나서입니다.

우리가 입시에 붙고, 고시에 붙고 계속 잘되는 일만 있어도 그래요. 붙은 걸 나의 영광으로 여기면 내 믿음을 굳건히 지키기가 어렵습니다. 에베소 교회가 그랬듯이 첫 사랑을 잃어버리기 십상이죠.

그러므로 우리는 붙으면 붙을수록, 잘되면 잘될수록 더욱 애통해야 합니다. 세상 유혹에 빠지지 않고 사명 감당하게 해 달라고, 처음 주님을 만났을 때 내게 한없이 부어 주신 그 사랑을 기억하게 해 달라고, 허벅지를 꼬집어 가면서라도 간절히 기도해야 합니다.

피아노를 전공한 저는 중학교 때부터 치열한 입시 경쟁을 치러야 했어요. 그래서 부모님, 특별히 엄마의 뒷바라지가 절실했지요. 하지만 어머니가 자녀 교육이나 진로 문제에 무관심하셨기에 저는 그 모든 어려움을 혼자 감당해야 했습니다. 그 시절 제가 할 수 있는 일이라곤 그저 열심히 공부하고, 피아노를 치고 또 치는 것뿐이었어요. 마치 부모 없는 에스더처럼 부모의 도움 없이 피아노를 쳤습니다. 그런데도 단번에 일류대에 붙었습니다.

그러고는 나름 믿음의 결혼을 한답시고 장로님, 권사님이 시부모인 부유한 집안으로 시집을 갔습니다. 주변에서는 마치 일류 대학에 붙은 것처럼 제 결혼을 축하해 주었지요. 다들 저를 부러워했어요. 하지만 실상 저는 남편과 인격적인 교제는 하지 않으면서 의사라는 남편의 직업만 보고 결혼한 것이었죠. 하나님이 그렇게 살라고 좋은 학교에 붙여 주신 것이 아닌데도 저는 야망 때문에 공부하고 야망 때문에 결혼했습니다.

그러니 힘든 시댁과 남편을 만난 것은 제 삶의 결론이 맞습니다. 물론 그런 시댁과 남편 덕분에 오늘날의 제가 존재하지만, 세상 잘나가던 그때는 정말 몰랐습니다. 고된 시집살이를 겪고 나서야 비로소 주님과의 첫사랑을 잃은 제 모습을 보게 되었죠.

그렇게 제 죄가 보이기 시작하니 믿지 않는 남편을 보며 애통한 마음이 들었습니다. 그때부터 "병원이 망해서라도 남편이 예수 믿었으면 좋겠다"는 기도가 제 입에서 나오기 시작했어요. 여러분, 오죽하면 제가 이런 기도를 했겠습니까? 남편이 예수를 믿지 않으니까 영적으로 저와

통하는 게 전혀 없잖아요. 그러니 그때 제가 얼마나 외롭고 힘들었겠습니까.

그러므로 우리는 "하나님, 좋은 학교 가게 해 주세요", "능력 있는 배우자 만나게 해 주세요"라고 기도할 것이 아니라 먼저 "하나님, 저와 평생 동행해 주세요"라고 기도해야 합니다. 입시와 취업, 결혼을 앞두고 무엇보다 내 안에 구속사적 가치관이 확실하게 서게 해 달라고 기도해야 해요. 하나님이 나와 동행하지 않으시면 우리는 세상으로 흘러 떠내려갈 수밖에 없습니다. 그러면 결국 예수님을 대적하는 인생을 살게 될 뿐입니다.

## 하나님 나라의 백성 vs 하나님 나라의 원수

시댁에서 명절을 지내고 온 한 집사님이 목장에서 이런 나눔을 했습니다.

명절에 시댁을 갔는데, 5년 동안 코빼기도 안 보이던 아랫동서가 갑자기 나타나서는 "우리 애가 Y대 의대를 붙었지 뭐예요. 호호호" 이러는 거예요. 그런데 정작 더 화가 난 것은 시댁 식구들의 태도입니다. 조카의 합격 소식에 그동안 동서가 시댁을 외면한 잘못을 다 이해해 주더라고요.

이렇듯 좋은 대학에만 붙으면 모든 게 용서가 됩니다.

요즘은 교회 안에서도 육적인 성공이 성도의 최고 자랑거리가 된 것 같아 씁쓸합니다. 허구한 날 교회에 모여 자녀가 대학에 붙은 이야기, 배우자가 승진한 이야기, 잘된 이야기만 한다면 세상 모임과 다를 게 무엇입니까?

교회는 내 수치를 자랑하고 내 부족을 자랑하는 곳이어야 합니다. 더구나 좋은 학교에 붙은 합격증이 천국을 보장하는 것도 아니지 않습니까? 오히려 구원에 방해가 될 수 있습니다.

아브라함은 8명의 아들을 두었습니다. 이삭과 이스마엘, 그리고 후처 그두라에게서 낳은 여섯 아들이 있었죠. 그중에서 아브라함은 누구를 제일 좋아했을까요?

물론 이삭도 아꼈겠지만, 이스마엘을 가장 좋아하지

않았을까 싶습니다.

우리가 앞에서도 이미 봤지만, 아브라함이 이스마엘을 얼마나 사랑했는지, 그래서 얼마나 이스마엘을 내려놓기 힘들어했는지 성경에 다 기록되어 있지 않습니까? 하나님이 언약을 이을 후사를 주겠다고 약속하셔도 아브라함은 "이스마엘이나 하나님 앞에 살기를 원하나이다"라고 했습니다(창 17:18). 머릿속에 오로지 이스마엘 생각밖에 없습니다. 그러나 하나님은 "아니라 네 아내 사라가 네게 아들을 낳으리니 너는 그 이름을 이삭이라 하라 내가 그와 내 언약을 세우리니 그의 후손에게 영원한 언약이 되리라" 하셨습니다(창 17:19). '이스마엘이 아니고 이삭'이라고 분명히 말씀하셨죠.

하지만 이 말씀을 듣고도 아브라함의 이스마엘 사랑은 계속됐습니다. 아브라함이 이토록 이스마엘을 끊지 못하니 결국 하나님이 직접 나서십니다. 사라의 말대로 하갈과 이스마엘을 내쫓으라고 명령하신 것이죠(창 21:10~12). 하나님이 이렇게까지 하신 이유가 무엇입니까?

아브라함이 86세의 늦은 나이에 이스마엘을 낳았잖

아요(창 16:15~16). 그러니 세상 부러운 게 없습니다. 돈도 있겠다, 아들까지 딱 생기니 조강지처 사라도 나 몰라라 했죠. 사라는 뒷방에 고이 모셔 두고 하갈과 이스마엘과 딱 달라붙어 살았습니다. 그러고는 무려 13년 동안이나 하나님을 찾지도 않았습니다. 하나님 자리에 이스마엘이 딱 앉아 있으니 하나님과의 교제가 딱 끊긴 겁니다. 아브라함만 봐도 우리가 너무 좋은 사람과 붙어 있으면 하나님과 멀어진다는 말이 정말 맞습니다.

그런데 말입니다. 비록 하갈과 이스마엘이 떡과 물 한 가죽 부대만 가지고서 쫓겨났어도 하나님은 그들에게 기회를 주셨습니다. 그들을 살려 주셔서 광야에서도 번성하게 하신 것이죠(창 21:14~21). 또 이스마엘에게 열두 아들을 주셔서 큰 민족을 이루게 하셨습니다(창 25:16). 그야말로 "하나님은 살아 계시다!" 고백할 수밖에 없는 환경을 주셨어요. 그런데도 이스마엘은 그저 '아브라함의 아들'로만 언급될 뿐입니다.

저는 산전수전 다 겪고 성공한 창업주들이 하나님께 감사하는 걸 별로 보지 못했습니다. 대부분 자기가 잘해서 회사를 일으켰다고 생각하기 때문입니다. 아마 이스마엘도 그렇지 않았을까요? 하나님을 모르니 자기 힘으로 다 이뤘다고 착각했을 것입니다.

그래서 그 결론이 무엇입니까?

"그가 사람 중에 들나귀 같이 되리니 그의 손이 모든 사람을 치겠고 모든 사람의 손이 그를 칠지며 그가 모든 형제와 대항해서 살리라"(창 16:12). 이 말씀대로 이스마엘의 자손은 형제의 맞은편에 거주하며 끊임없이 대적자 노릇을 했습니다(창 25:18).

아브라함에게서 재산을 받고 떠난 그두라의 자녀들도 그래요(창 25:6). 돈 앞에서는 예외가 없습니다. 다들 떠나서 각자의 영토를 구축했죠. 돈 받고 떠난 자녀끼리 서로 사이좋게 지낼 리 있겠습니까? 유산 상속이 끝나면 그걸로 땡입니다. 오직 이해타산으로만 움직일 뿐입니다.

그러니 여러분, 예수 없이 붙고 붙는 인생을 너무 부러워하지 마십시오. 붙는 게 인생의 전부가 아닙니다. 하나님 나라의 백성이 되지 못하면 하나님 나라의 원수가 될 수밖에 없습니다.

지금 여러분은 어떤가요? 이스마엘처럼 붙고 붙는 인생을 추구하며 하나님과 점점 멀어지고 있지는 않으세요?

믿지 않는 내 배우자, 내 자녀, 내 부모, 내 형제의 구원을 위해서도 그렇습니다. 진정 그들이 구원받기를 원한다면 그들 앞에서 나의 연약함을 시인하며 애통하는 모습을 보여 주어야 합니다. 하나님을 떠나서는 살 수 없음을 보여주는 것이야말로 살아 있는 신앙 교육이기 때문입니다.

## 믿음의 자녀가 되는 길

하나님은 태에서부터 싸운 에서와 야곱을 두고 "큰 자가 어린 자를 섬기리라" 말씀하셨습니다(창 25:23). 그래서 우리는 야곱이 아무리 지질해도 택자라는 것을 잘 압니다. 하지만 솔직히 잘난 에서가 너무 좋습니다. 아브라함이 이스마엘을 끼고돌았듯이 우리도 늠름하고 남자다운 에서만 보면 그저 든든하지요.

대학입시든 취직 시험이든 시험이라는 시험은 죄다

척척 붙는 자녀를 어느 부모인들 싫어하겠습니까.

　에서는 늠름한 데다 사냥도 잘합니다. 연장도 잘 다룹니다. 못하는 게 없어요. 하지만 익숙한 사냥꾼인 그는 항상 피를 보고, 생명을 죽이는 일이 업(業)입니다. 오늘날로 치자면 오대양 육대주를 주름잡고, 기업을 인수·합병하는 기업사냥꾼이라고나 할까요.

　남의 회사를 무너뜨리고 누군가의 일자리를 빼앗더라도 돈을 척척 벌어 온다면 이런 자녀를 마다할 부모가 있을까요? 있으면 한번 손들어 보세요. 이삭도 그랬어요. 잘난 에서를 보면서 아무 말이 없습니다. 반면에 "야곱은 조용한 사람이었으므로 장막에 거주"하였다고 합니다(창 25:27). 그가 장막 안에서 아주 흡족해했다는 것이죠.

　그러니 여러분, 야곱이 못났다고 비난할 일이 아닙니다. 잘난 자녀 좋아하고, 못난 자녀 구박하고 차별하는 게 비단 남의 이야기가 아닙니다. 사람 마음이 다 그렇지 않습니까? 내 자녀가 조금이라도 못난 짓을 하면 겉으로든 속으로든 "너는 태어나지 말았어야 해. 너는 우리 집안의 저주야" 하며 원망하는 부모가 어디 한둘입니까? 하물며 내 속에서 난 내 새끼도 이렇게 차별하는데, 믿음의 부모라고 예외가 있겠습니까. 그러나 성경은 줄기차게 이야기합니다.

"에서처럼 세상적으로 잘 갖추면 믿음의 자녀가 되기 어렵다"라고.

몇 해 전 한 자매가 캐나다 유학 생활을 내려놓고 귀국해서 교회에 등록했습니다. 이 자매가 새가족 모임에서 자신을 이렇게 소개하더군요.

집안 형편이 어려워져서 유학을 접고 돌아왔는데 오히려 저는 너무 감사합니다. 엄마는 힘들어도 학비를 대 주겠다고 하며 유학을 마치라고 하시지만, 저는 아쉬움이 조금도 없어요. 명문 대학에서 공부하고 세상에서 성공해도 주님과 멀어지면 무슨 소용이 있겠어요. 하나님과의 만남이 진짜 중요한 것 아닌가요?

우리가 원하는 대학에 붙고 남부러워하는 회사에 취직하고 유학을 가도 그래요. 예수님을 제대로 만나지 못하면 그게 다 무슨 소용입니까? 그 안에 말씀이 없으면 악하고 음란한 이 세대를 따라갈 수밖에 없습니다. 그래서 실패한 사람들이 우리 주변에 얼마나 수두룩합니까? 자녀의 인생이 결국 그렇게 된다면 그동안 열심히 뒷바라지해 준 부모는 또 뭐가 됩니까? 결국엔 자녀가 타락하도록 공부시킨 셈이 되는 거 아닙니까.

그러므로 내가 부모라면 먼저 영적인 것을 등한시하고 육적인 뒷바라지에만 열심을 부린 죄를 회개해야 합니다. 믿는다고 하면서도 자녀의 세상 성공을 위해 열심히 금송아지를 섬긴 내 죄를 보아야 합니다. 하나님을 떠난 자녀를 탓하기 전에 성공한 자식을 편애하고, 집착하고, 세상 성공을 부추긴 내 죄를 먼저 회개해야 합니다.

한 집사님이 자녀들을 사교육으로 가르칠 여력이 못되어 "그저 주일학교라도 꾸준히 보내자" 결심했답니다. 그런데 큰아이가 주일학교에서 큐티하며 말씀 읽던 가락으로 논술 시험을 쳤는데 덜컥 대학에 붙었다는 겁니다. 더욱이 4년간 대학 등록금에 큰 회사 입사까지 보장받았다는 것 아닙니까. 그뿐만이 아닙니다. 디자인을 전공한 작은아이는 어느 대회에 '하나님의 시간, 카이로스'라는 작품을 출품했는데 당선이 됐답니다.

그러니 여러분, 고액 학원 보내고 족집게 강사 찾아다니는 게 무슨 대수입니까? 이 집사님의 자녀들을 보세요. 하나님의 말씀을 잘 가르치니까 앞길이 이렇게 열리지 않습니까? 그렇습니다. 우리 자녀를 믿음의 자녀로 양육하는 길은 첫째도, 둘째도 오직 말씀뿐입니다.

· · ·

이 세상 제일가는 축복은 사업이 번창하는 것도,
좋은 학교에 들어가는 것도 아닙니다.
내가 죄인임을 아는 것입니다.

· · ·

## Question & Think

금 그릇은 아무리 두드려도 쉽게 깨지지 않습니다

Q. 나는 화려하고 단단한 금 그릇입니까, 못생기고 연약하여 잘 깨지는 질그릇입니까? 육이 무너짐으로 영이 세워진 사건은 무엇인가요? 그와는 반대로 육이 세워진 만큼 영이 무너진 적은 없습니까?

........................................................................

........................................................................

........................................................................

하나님이 동행하지 않으시는 '붙음'은 소용없습니다

Q. 처음 주님을 만났을 때 한없이 부어 주시던 그 사랑을 잊지 않고 기억합니까? 주님에 대한 첫사랑이 식지는 않았나요? 하나님을 의지하지도 않고, 별 어려움도 없이 붙고 또 붙은 사건은 무엇입니까? 그래서 지금도 "내가 다 이루었다" 하며 착각하고 있지는 않나요?

........................................................................

........................................................................

하나님 나라의 백성이 되지 못하면 하나님 나라의 원수가 될 수밖에 없습니다

Q. 하나님보다 더 귀히 여기는 나의 이스마엘은 무엇(누구)입니까? 그 이스마엘 때문에 하나님과 멀어지지는 않았나요? 예수 없이 붙고 붙는 사람들을 보면 한없이 부럽습니까? 붙고 또 붙는 인생 가운데 지질한 형제의 맞은편에 거주하면서 나도 모르게 대적자 노릇을 하고 있지는 않습니까?

..................................................................................................
..................................................................................................
..................................................................................................

세상적으로 잘 갖추면 믿음의 자녀가 되기 어렵습니다

Q. 나와 자녀의 세상 성공을 위해 기도합니까, 나와 자녀가 하나님의 일에 쓰임받기를 위해 기도합니까? 성공한 자녀를 편애하며 자녀의 세상 성공을 은근히 부추기지는 않으세요?

..................................................................................................
..................................................................................................
..................................................................................................
..................................................................................................

## 우리들 묵상과 적용 🙏

정형외과 의사였던 아버지는 제가 초등학교 때 외도로 배다른 동생을 낳으셨습니다. 이후 부모님이 별거하시고, 저는 어머니와 함께 살았습니다. 그런데 제가 중3 때 고등학교 진학을 위해 가족관계 증명서를 발급받았다가 아버지가 사망하신 사실을 알게 되었습니다. 알고 보니 아버지는 암 투병을 하다가 한 달 전에 돌아가신 것이었습니다. 더욱이 아버지는 다른 가족 몰래 외도녀와 배다른 동생에게 재산을 전부 넘기셨습니다. 저는 그 일로 큰 충격을 받고, 그 여파로 고등학교에 올라와서도 학업에 집중하기가 어려웠습니다.

고3이 되어 겨우 공부를 시작했지만, 제가 공부하는 목적은 오로지 좋은 대학에 들어가서 이런 고난과 수치를 덮어 버리는 것이었습니다. 하지만 수능 2주 전에 가고 싶은 대학의 수시 면접에서 떨어져 의욕을 상실한 상태로 시험을 치르게 되었습니다.

이후 골로새서 말씀을 묵상하다가 예수님만이 만물의 으뜸이신데(골 1:18) 좋은 입시 결과로 제가 으뜸이 되려고 한 것을 알게 되었습니다. 이렇게 저를 높이려는 교만이야말로 정말 큰 죄임이 깨달아지니 회개가 터져 나왔습니다.

저는 매주 말씀을 들어도 세상에서 잘나가는 금 그릇이 되고 싶었습니다. 그런데 하나님은 저의 질그릇이 깨어지는 불합격의 사건으로 진짜 보배이신 예수님을 만나게 해 주셨습니다 (고후 4:7). 그러자 대학에 떨어진 것에 진심으로 감사가 나오고, 저의 고난과 연약함을 고백하는 간증을 귀히 여기게 되었습니다.

여전히 '일류 대학'에 합격한 친구들을 보면 저 자신이 초라하게 느껴지지만, 하나님이 제게 가장 알맞은 학교로 인도해 주실 것을 믿고 나아가겠습니다. 이제는 세상에서 이기고 또 이기려는 욕심을 내려놓고(계 6:2) 예수님을 알지 못하는 친구들에게 저의 고난을 드러내며 진짜 으뜸이신 예수 그리스도를 전하겠습니다.

셋째,

# 자기 죄를 봐아 십자가를 질 수 있습니다

## 세상 성공에 취한 인생

몇 해 전 우리들교회 붙회떨감 수능 기도회에서 한 학부모가 이런 간증을 했습니다.

> 저는 주님을 믿는다면서도 욕심에 눈이 멀어 살았습니다. 그래서 날마다 더, 더, 더 주시기만을 하나님께 부르짖었습니다. 그러다 직장에서 승승장구하게 되자 제가 잘나서 그리된 줄로만 알았습니다. 세상 성공에 취해 하나님이 주신 은혜를 까마득히 잊어버린 것입니다. '은혜 주신 때가 가장 위기'라는 말씀을 들었지만 못 들은 척, 모른 척했습니다. 몇 번의 경고

에도 돌이키지 못하니 결국 하나님은 주식으로 크게 망하는 사건을 주셨습니다. 투자한 돈을 다 날리고 직장도 잃게 된 것입니다. 그러니 세상 성공에 취해 헛되이 시간을 문질러 없앤 죄가 비로소 깨달아집니다.

다음은 또 다른 학부모의 간증입니다.

교사인 저는 예수를 믿어도 학벌이 세상에서 최고인 줄 알았습니다. 그래서 두 아들을 학벌 우상 앞에 불태워 바쳤습니다. 세상에서 이기고 또 이기려면 스펙이 있어야 한다고 굳게 믿었기에 큐티는 대충 때우기식으로 하면서도 두 아들은 온갖 특강과 과외로 내몰았습니다.

그러나 큰아들은 삼수, 둘째 아들은 재수를 했습니다. 그로 인해 암에 걸린 아내가 5년 동안이나 수험생 엄마로 수고해야 했습니다. 저의 학벌 우상이 아내와 아들들을 사지로 몰아넣은 것입니다.

하지만 주님은 저의 이런 패역함에도 불구하고 저희 가정을 버리지 않으셨습니다. 그리고 두 아들 모두 교회 공동체에 붙어 가도록 인도해 주셨습니다. 저희 가정에 크신 은혜를 베풀어 주신 하나님께 감사하고 죄송할 따름입니다.

그렇습니다. 한결같이 잘나갈 때는 세상 성공에 취해 자기 죄를 보지 못합니다. 이렇게 육이 무너져야 비로소 자기 모습이 보이기 마련입니다.

전교 1등을 하던 한 아이가 있었습니다. 장로님 아들인데 고3 때 족집게 과외를 다니느라 1년 동안 교회를 안 나갔습니다. 그런데 '불행히'도 그토록 원하던 일류 대학에 단번에 붙었습니다. 이게 왜 불행한 일인가 하면 그때부터 이 아이가 교회를 안 나왔기 때문입니다. 뭔가 부족한 게 있어야 하나님을 찾고 기도도 할 텐데, 뭐든지 잘되니까 기도는커녕 교회도 안 나오게 된 것이죠.

그래서 제가 너무 애통했습니다. '저렇게 금송아지 우상을 섬기다가 예수 안 믿고 지옥 가면 어쩌나? 저 돌판을 좀 깨뜨려야 하는데……' 한동안 제가 설교하면서 그 가정 이야기를 많이 했습니다. 그러면 하나님이 그 가정을 불러 주시지 않을까 해서요. 그랬더니 30여 년이 지나서야 드디어 그 가정이 교회에 나오기 시작했습니다.

저 역시나 학창 시절에는 붙고 붙는 일만 있어서 잘난 척을 참 많이 했습니다. 제가 얼마나 교만했으면 하나님이 시집살이 13년을 통해 저를 밟으셨겠습니까. 그때는 스스로 이룬 게 너무 많다고 착각하며 살았기에 하나님이 철저하게 저를 밟으셔야만 했습니다.

그런데도 우리는 붙는 것이 좋고 잘되는 것이 마냥 좋습니다. 그래서 "이번에는 제발 붙게 해 주세요"라고 기도할 때가 많지요. 물론 우리가 이런 기도를 해도 성령님이 말할 수 없는 탄식으로 우리를 위하여 친히 간구해 주십니다(롬 8:26). 하지만 대놓고 붙게만 해 달라고 기도하는 것은 떼 부리는 기도에 불과할 뿐입니다.

"내 자녀가 대학 시험에, 취직 시험에 붙게만 해 달라"는 부모의 기도를 한번 생각해 보세요. 그것이 과연 자녀를 사랑해서 하는 기도일까요?

부모는 그저 자식 생각만 하면 눈물이 앞을 가립니다. 하지만 이런 기도를 드리는 이유가 자녀를 진정 사랑해서인지 내 욕심 때문인지는 제대로 모릅니다. 굳이 알려고 하지도 않지요. 그러니까 내 욕심에 나도 속고 남도 속이게 되는 것입니다.


## 내 부족함만 보고 가기

우리들교회는 설립된 지 20년이 넘었지만 휘문 채플은 여전히 냉난방도 잘 안되는 학교 체육관에서 예배를 드립니다. 판교 채플로 오는 길은 지하철도 버스 노선도 변변찮습니다. 휘문 채플이든 판교 채플이든 환경이 열악하기는 매한가지입니다.

그럼에도 매주 3천여 명의 '청년'이 모입니다. 청소년 수도 이에 못지않죠. 여름과 겨울 수련회 때가 되면 수천 명의 청소년과 청년을 수용할 장소가 없어서 부득이 참가 인원을 제한할 정도입니다. 인본주의가 판을 치고, 청소년이나 청년들이 교회 다니기 쉽지 않은 요즘에 보기 드문 현상이죠. 그 이유가 무엇일까요?

여러 이유가 있겠지만 저는 무엇보다 '붙회떨감'의 메

시지 때문이 아닌가 싶습니다. 특히 우리들교회 청년부 주일예배에는 여느 교회에서 볼 수 없는 순서 하나가 있습니다. 제 설교가 끝나면 매주 청년들이 나와 자기 죄와 수치를 고백하는 간증을 합니다. 그날 주신 말씀에 의거해서 "내 부모님은 이혼하시고, 감옥 가시고, 나는 혼전순결을 잃었고, 동성애를 행했고, 낙태했고, 조현병을 앓고, 분노조절 약을 먹고 있고……" 등등을 눈물로 고백합니다.

그러면 그 간증을 들은 청년들은 "무덤까지 가져갈 이야기를 저렇게 하네" 하면서 간증자에게 무한한 신뢰를 보냅니다. 다들 서로를 신뢰하지 못해 가정이 깨지고, 결혼도 못 하는 세상 아닙니까? 그런데 이렇게 단 위에서 간증 한 번 하고 나면 서로 간에 신뢰가 쌓입니다.

그러다 보니 청년부 안에서 잘 만나고 결혼도 잘합니다. 거의 매주 결혼 예배가 드려집니다. 또 그런 젊은 부부들이 아이를 순풍순풍 잘 낳아서 매주 유아세례도 끊이지 않습니다. 인구절벽 시대에 참으로 애국애족하는 교회가 아닐 수 없습니다.

저는 결혼 예배에서 주례사를 할 때 "부디 행복하게

잘살아라” 이런 말은 하지 않습니다. “항상 내 죄를 봐라. 내 고난보다 내 죄가 크다. 말씀을 보고 해석을 잘해라. 해석을 잘해야 해결이 된다. 내 배우자가 조울증에 걸렸건, 재산을 말아먹었건 십자가 같은 내 배우자를 잘 이고 지고 가라”고 합니다. 결혼의 목적이 행복이 아니고 거룩이기 때문입니다.

저의 주례사가 끝나면 신랑과 신부는 그날 주신 말씀을 앞으로 가정에서 어떻게 적용할 것인가를 발표합니다. 신랑은 “저의 힘으로는 사랑을 할 수 없기에 날마다 큐티하며 믿음의 공동체에 잘 붙어 가겠습니다. 아내에게 **사랑의 언어**를 쓰겠습니다”라고 선서합니다(골 3:19). 신부는 “남편의 질서에 잘 순종해서 거룩한 가정을 이루어 가겠습니다. 남편에게 **복종의 언어**를 쓰겠습니다” 하고 선서합니다(골 3:18).

신랑, 신부의 부모님도 예외가 없습니다. 자기 자녀의 결혼식을 축하하러 온 하객들 앞에서 “내가 그동안 아내를 사랑하지 않았다”, “내가 남편에게 복종하지 못했다”, “내가 말씀으로 자녀를 양육하지 못하고, 자녀들의 성공에 집착했다" 하며 자기 죄를 고백합니다.

이렇게 저마다 죄 많고, 사연 많고, 상처 많은 집안이 만나 결혼했는데 얼마나 부부 싸움을 많이 하겠습니까? 그러나 우리들교회 커플들은 싸워도 건강하게 싸웁니다. 부부목장에 가서 솔직하게 이런 하소연도 합니다.

신혼 첫날 신부의 맨얼굴을 본 한 새신랑이 "내가 저 여자한테 속았어요. 화장을 지우니 저런 얼굴일지 몰랐다니까요" 하며 목장에서 신부 탓을 했습니다. 그러자 다른 지체들이 뭐라고 한 줄 아세요? "뭐 그런 거 가지고 그러세요? 우리 와이프는 아예 원판을 갈아엎었더라고요"라고 응수하더랍니다.

그런데 더더욱 놀라운 사실은 우리들교회에서 구속사의 가치관을 배우고 결혼 예배를 드린 커플 중에 이혼한 가정을 찾아보기 힘들다는 것입니다. 정말 놀라운 일 아닌가요? 어떤 사건이 와도 그 가운데서 먼저 자기 죄를 보니 다들 잘 살아갑니다. 요동함이 없습니다. 십자가 같은 내 배우자를 잘 이고 지고 갑니다. 저는 이것이 모두 '붙회떡감'의 가치관 때문이라고 생각합니다.

내가 가진 돈, 힘, 권세가 떨어지면 남녀 사이는 볼 것도 없이 깨집니다. 인간은 악하고 음란하기 때문입니다. 사람은 사랑을 할 수도 만들 수도 지을 수도 없는 존재입니다. 오직 하나님만이 사랑의 원천이십니다. 그러므로 우리는 하나님께 '딱 붙어서' 내 부족함만 보고 가면 됩니다. 그리하면 그 어떤 십자가도 잘 지고 갈 수 있습니다.

## 할 말 없는 인생

우리들교회에는 주일학교 예배에서 빼놓을 수 없는 순서가 한 가지 있습니다. 아이들과 선생님이 둘러앉아 그날 주신 말씀을 듣고 적용 질문에 따라 자신의 이야기를 나누는 것이죠. 한부모가정에서 자란 아픔, 재혼 가정의 괴로움, 친구 관계의 어려움, 공부와 성적에 대한 고민 등등 아이들은 부모님이나 학교 친구에게조차 털어놓지 못한 이야기를 교회 친구들 앞에서 스스럼없이 나눕니다. 다른 아이들은 이런 나눔을 들으며 '나만 힘든 게 아니구나'라는 사실에 깊은 위로를 받습니다. 이렇게 살아난 아이들의 이야기는 간증이 되죠. 매년 붙회떨감 수능 기도회 때마다 발표되는 간증이 대표적입니다.

한 학생의 간증을 소개합니다.

저는 중학교 3학년 때 아빠의 외도 사건으로 우리들교회에 처음 오게 되었습니다. 아빠에게 큰 배신감을 느낀 엄마는 우울증 약을 드시며 괴로워하셨어요. 엄마는 큰딸인 제게 아빠에 대한 많은 이야기를 하며 속상한 마음을 표현하셨어요. 엄마를 위로해 드리고 같이 아파했으면 좋았겠지만, 당시 저는 아빠의 문제점만 지적하는 엄마가 그저 힘들고 싫었습니다. 때로는 집을 나가 살고 계신 아빠보다 엄마가 더 원망스러웠지요. 그래서 저는 내가 받은 상처만큼 갚아 주고 싶다는 마음에 부모님에게 모진 말을 해 댔습니다. 우울증도 생겨서 하루하루가 숨이 막혔습니다.

하지만 "너희가 십 일 동안 환난을 받으리라"(계 2:10) 하신 말씀처럼 저의 고난도 기한이 정해져 있었습니다. 엄마가 말씀으로 회복되니 저희 가정이 점점 살아나게 된 것입니다. 이후 외도로 집을 나가셨던 아빠도 가정으로 돌아오셨습니다. 고3의 끝자락에서 돌아보니 정말 이 모든 것이 하나님의 은혜로 계획되고 시작된 일임이 깨달아집니다.

오늘 주님은 "너는 장차 받을 고난을 두려워하지 말라……네가 죽도록 충성하라 그리하면 내가 생명의 관을 네게 주리라"(계 2:10) 하십니다. 앞으로도 또 다른 고난이 제게 찾아올 것입니다. 그때마다 하나님께 충성하며 최선을 다해 고난을 통과하길 기도합니다.

저와 같은 상처로 방황하는 청소년들에게 주님의 말씀을 전하는 기독 교사가 되고 싶다고 기도했는데, 하나님은 이번에 기독교 대학에 붙여 주셨습니다. 하지만 합격에 만족하지 않고 먼저 회개하겠습니다. 아직 아빠가 교회에 나오지 않으시기 때문입니다. 아빠의 영혼 구원을 위해 기도하며 깨어 있겠습니다. 지금까지 주신 고난을 약재료 삼아 힘든 청소년들을 살리는 제가 되길 기도합니다.


외도로 가출했던 아버지가 집으로 돌아오고 원하는 대학에 합격했으면 그야말로 겹경사 아닙니까? 하지만 이 학생은 아버지의 구원에 무관심했던 자기 죄를 회개했습니다.

붙으면 회개란 이런 것입니다. 수능 시험을 마친 아이들이 "이제는 해방이다!" 하고 세상으로 뛰쳐나가지 않고, 저녁에 교회에 모여 이런 간증을 나누는 게 너무나 감사하지 않습니까?

비단 대학 입시뿐만이 아닙니다. 취업에 성공하고, 고시에 붙고, 수천 대 일의 경쟁률을 뚫고 아파트 분양에 당첨되어도 그렇지요. 마냥 "감사하다, 이제는 다 이루었다" 하고만 있을 일이 아닙니다.

"내 힘으로는 아무것도 할 수 없는데, 나의 구원을 위해 하나님이 때마다 시마다 도와주셨구나. 그동안 나의 성공에만 집착했던 삶을 돌이키고, 이제는 내 가족, 내 이웃의 구원을 위해 사명을 잘 감당하라고 붙여 주셨구나."

이렇게 하나님의 뜻을 헤아려야 합니다. 최후의 승리란 내가 붙어도 할 말이 없는 인생임을 깨닫는 것입니다. 이것을 아는 것이 최고의 인생입니다.

## 요셉이냐? 유다냐!

저는 요셉과 유다에 관한 설교를 자주 하는 편입니다. 구속사의 정수가 그 안에 숨어 있기 때문입니다. 그런데 말입니다. 구속사의 계보, 예수님의 계보에는 요셉의 이름이 보이지 않습니다. 마태복음 1장을 보면, 야곱의 족보는 요셉이 아니라 유다에서 베레스로 이어집니다. 베레스에서 보아스로, 보아스에서 다윗으로 이어지죠. 그리고 다윗의 후손을 통해 예수 그리스도가 탄생합니다.

그런데도 우리는 항상 헷갈립니다. "아유, 하나님, 맨날 붙는 요셉을 두고 왜 하필 지질한 유다인가요? 뭔가 착각하신 거 아니세요?" 반문합니다. 아무리 유다가 믿음이 좋아도 "요셉이 최고다!" 이러죠. 붙고 붙는 인생을 살아가는 요셉이 너무 훌륭해 보입니다. 그래서 다들 주인공이 요셉인 줄 압니다. 오죽하면 자녀 이름도 '김요셉, 박요셉'이라고 짓겠습니까.

하버드대학에서 장학금도 받고, 국무총리도 하고, 효도도 너무 잘하는 요셉 같은 자녀가 있다고 칩시다. 그 자녀가 자기 돈으로 직접 교회 건물까지 지어 주고, 전 교인을 다 먹여 살리다시피 합니다. 반면에 유다 같은 자녀는 하버드 출신인 훌륭한 동생을 너무 괴롭히고 문란하게 살았습니다. 그런데 예수님을 너무 잘 믿습니다. 거듭남이 확실합니다. 이럴 때 여러분 같으면 어떤 자녀를 자랑하고 싶겠습니까? 아무리 믿음이 좋아도 그렇죠. 하라는 공부는 안 하고 말썽만 피우는 유다 같은 자녀보다 공부 잘하는 요셉 같은 자녀를 당연히 더 자랑하고 싶지 않겠습니까?

야곱도 처음엔 그랬습니다. 영적 자녀를 못 알아봤어요. 그러니 우린들 쉽게 알아보겠습니까? 그렇다면 왜 모범생 요셉이 아닌 문제아 유다의 계보를 통해 예수님이 오셨을까요?

야곱은 유다가 구속사의 주인공임을 깨닫기까지 많은 과정을 거쳐야 했습니다. 특히 유다가 며느리 다말과 동침하는 뼈아픈 사건을 지켜봐야 했지요(창 38장).

세상 잣대로 보자면 시아버지와 동침해서 아이를 낳는 일은 축복은커녕 저주받을 일 아닙니까? 그야말로 집안의 수치입니다. 그러나 이토록 수치스러운 사건을 통해 베레스가 나오고 다윗과 예수님으로 그 계보가 이어졌습니다. 인간의 잣대, 인간이 만든 도덕과 윤리로 보면 이런 수치의 사건이 왜 축복이 되는지 도대체 알 수 없습니다.

하지만 야곱은 유다가 하나님의 약속과 계대혼인법에 순종하지 못한 자기 죄를 회개하며 "그는 나보다 옳도다"(창 38:26) 고백하는 것을 보았습니다.

나는 지금까지 구원에 관심이 없었다. 그저 돈 버는 일에만 열심이었다. 그러고 번 돈으로 창녀와 동침했다. 그런데 알고 보니 그녀가 내 며느리 다말이었다. 며느리가 나를 유혹한 것이 아니라 예수 씨가 내 집안에 오게 하려고 저렇게 수치스러운 일을 감당한 것이었다. 우리 집안의 구원을 위해, 메시아의 탄생을 위해 불에 태워져 죽임당할 것을 불사한 것이다. 그러니 내 며느리 다말이 나보다 옳다!

유다의 이 고백을 야곱이 알아들었습니다. 그래서 자랑하고 싶은 요셉이 아니라 수치스러운 유다가 구속사의 주인공임을 깨달았습니다. 유다의 죄 고백으로 말미암아 유다와 그 며느리 다말은 찬란히 빛나는 구속사의 계보에 오릅니다(마 1:3). 이는 구속사의 계보는 혈통과 행위가 아니라 하나님의 주권으로 이어진다는 것을 보여 줍니다.

믿음이 성숙한 사람은 유다처럼 죽는 날까지 내가 죄인임을 고백합니다. 하나님은 이런 인생을 가장 기뻐하십니다. 게임에, 도박에, 술에 찌들었어도 예수님을 만났다면 그 자녀가 구속사의 주인공입니다. 뭐든 척척 붙기만 하는 잘난 자녀가 아니라, 내가 아무리 인정하고 싶지 않아도 예수 믿는 자녀가, 회개한 자녀가 진짜입니다. 그래서 믿음은 신비한 비밀(Mystery)입니다.

## Question & Think

세상 성공에 취하면 자기 죄를 못 보게 마련입니다

Q. 세상 성공에 취해 헛된 곳에서 시간을 문질러 없애며 세월을 허비했던 적이 있습니까? 붙었다고 교만을 부리다가 떨어진 적은 없나요? 그 사건을 통해 나의 교만을 깨달았습니까? 그럼에도 제발 붙게만 해 달라고 떼 부리며 기도하는 것은 무엇인가요?

. . . . . . . . . . . . . . . . . . . . . . . . . . . . . . . . . . . . . . . . . . . . . . . . . . . . . . . . . . . . . . . . . . . . . . . . .

. . . . . . . . . . . . . . . . . . . . . . . . . . . . . . . . . . . . . . . . . . . . . . . . . . . . . . . . . . . . . . . . . . . . . . . . .

내 부족함만 보고 가면 됩니다

Q. 내가 지고 가야 할 십자가는 무엇입니까? 어려운 일을 당하면 그 사건 가운데 내 죄가 보이나요? 그래서 요동하지 않고 잠잠합니까, 아니면 남 탓하며 원망합니까?

. . . . . . . . . . . . . . . . . . . . . . . . . . . . . . . . . . . . . . . . . . . . . . . . . . . . . . . . . . . . . . . . . . . . . . . . .

. . . . . . . . . . . . . . . . . . . . . . . . . . . . . . . . . . . . . . . . . . . . . . . . . . . . . . . . . . . . . . . . . . . . . . . . .

. . . . . . . . . . . . . . . . . . . . . . . . . . . . . . . . . . . . . . . . . . . . . . . . . . . . . . . . . . . . . . . . . . . . . . . . .

. . . . . . . . . . . . . . . . . . . . . . . . . . . . . . . . . . . . . . . . . . . . . . . . . . . . . . . . . . . . . . . . . . . . . . . . .

붙여 주셔도 할 말 없는 인생임을 알아야 합니다

Q. 학업과 취업, 결혼과 건강 등 내 인생에 붙고 또 붙은 일은 무엇입니까? '붙여 주셔도 할 말 없는 인생'이라는 고백이 절로 나오나요? 아니면 '모든 게 내 능력 덕분이다' 하며 자신을 자랑합니까?

......................................................................................
......................................................................................
......................................................................................
......................................................................................
......................................................................................

요셉이 아니라 유다입니다

Q. 날마다 옳고 그름을 따지며 "이래서 안 되고 저래서 안 된다" 하는 것은 무엇인가요? 나는 날마다 붙고 붙는 요셉이 좋습니까, 지질해도 믿음 좋은 유다가 좋습니까?

......................................................................................
......................................................................................
......................................................................................
......................................................................................

목회자이신 아버지는 교회 개척을 반대하는 어머니에게 이혼을 요구하셨습니다. 그러다 제가 초등학교 6학년 때 어머니와 이혼하고 집을 떠나셨습니다. 이혼 후 어머니는 지병이 악화되어 큰 수술을 몇 번이나 받으셔야 했습니다. 동생들은 아직 어리고, 의지할 곳이 없던 저는 중학생 때 많이 방황했고, 성적도 점점 떨어졌습니다.

그래서 저는 이번 입시를 준비하면서 힘든 가정환경을 탓하며 부모님을 많이 원망했습니다. 고3 때 내신 성적이 오르자 부모님이 이혼하지 않으셨다면 방황도 하지 않고 성적도 지금보다 좋았을 거라는 생각이 들었기 때문입니다. 그런데 수능 기도회 간증을 준비하기 위해 큐티 말씀을 묵상하다가 하나님이 왜 제게 이런 환경을 허락하셨는지 깨달아졌습니다. 부모님의 이혼이라는 고난이 없었다면 저는 하나님을 의지하기보다 내 힘과 노력으로 대학에 갈 수 있다고 생각했을 것입니다. 그러나 어려운 가정환경을 통해 한계상황에 부딪히게 되자 만물을 창조하신 하나님만 의지할 수 있었습니다(골 1:16).

저는 수시 전형을 준비하면서 제 힘으로는 아무것도 할 수 없다는 고백이 절로 나왔습니다. 그러다 보니 날마다 큐티하며 응답받는 삶을 살 수 있었고, 매주 갈급한 마음으로 수요예배도 드릴 수 있었습니다. 이번 수시에서는 저의 반에서 상위권 성적인 친구들이 자기 성적에 맞추어 지원했음에도 전부 떨어졌습니다. 저는 성적이 중하위권인데도 집안 형편상 집에서 가까운 대학을 다녀야 했기에 담임선생님의 만류에도 불구하고 상향 지원을 했습니다. 그래서 아무도 제 수시 결과를 기대하지 않았습니다. 하지만 하나님은 제가 지원한 모든 대학에 합격하는 기적을 베풀어 주셨습니다.

아무도 기대하지 않던 제가 수시 전형에서 좋은 결과를 내자 친구들이 저에게 기도를 부탁하고, 하나님이 정말 계신 것 같다고 말하기도 했습니다. 저는 이 일을 겪으며 하나님은 100% 옳으시며, 환경을 탓하거나 부모님을 원망할 이유가 전혀 없다는 것을 알게 되었습니다. 남은 결과를 기다리는 동안 날마다 말씀으로 자신을 점검하며 하나님과 화목하게 되기를 기도합니다. 제게 주어진 어떤 환경에서도 '붙회떨감'의 은혜를 전할 수 있길 소망합니다.

넷째,

# 회개만이
# 살길입니다

## 저주 같은 축복

우리는 학교든 회사든 붙기만 하면, 결혼만 하면, 병만 나으면 주님 뜻대로 살겠다고 서원합니다. 하지만 내 힘으로는 결코 그렇게 살 수 없음을 아는 것이 나를 알고 하나님을 아는 것입니다. <나 행한 것 죄뿐이니>라는 찬송가 가사처럼 주님이 붙여 주시든 떨어뜨리시든 할 말 없는 인생임을 아는 것이 나를 제대로 아는 길입니다.

여러분, '나 같은 죄인'이 하나님 앞에 무슨 할 말이 있겠습니까. 주님 앞에 내가 배설물 같고, 티끌 같은 존재임을 알게 되면 우리는 날마다 자복할 수밖에 없습니다.

그저 내 죄를 생각할 때 "하나님, 나를 불쌍히 여겨 주세요" 기도할 수밖에 없는 겁니다. 100% 응답받는 기도의 비결이 여기에 있습니다.

반면에 정욕으로 구하고 떼 부리며 기도하는 것은 어떤가요? 그렇게 기도해서 내가, 내 자녀가 대학 시험, 취직 시험에 붙어도 그것을 응답으로 착각하면 안 됩니다.

내 정욕으로 떼를 쓰고 억지를 부린 기도에는 반드시 '하나님의 보응'이 뒤따릅니다. 하나님이 사울을 이스라엘의 왕으로 세우신 것이 그 본보기입니다(삼상 11:15, 12:1). 사울이 왕이 된 것은 이스라엘 백성의 떼 부리는 기도에 하나님이 분노하심으로 응답하신 결과였죠(호 13:11).

그런데 여러분, 이것이 남의 이야기가 아닙니다. 내가, 내 자녀가 대학에 붙은 후에 사울처럼 나라를 망치고, 믿음을 저버릴 수 있어요. 나중에 후회해 봤자 소용없습니다. 그러므로 내가 정욕으로 떼를 쓰고 구한 것이 응답받았다면 즉시 회개해야 합니다. 어떤 죄를 지었더라도 회개하면 그때부터 회복이 시작되기 때문입니다. 탄식하고 회개하는 심령으로 예수께로 돌아오면 교훈을 받아 자기 볼

기를 치는 역사가 일어납니다(렘 31:19). 이렇게 내 죄를 인정하고 엎드릴 때 주님이 나를 책망하시는 것이 창자가 들끓는 사랑과 긍휼임을 비로소 깨닫게 됩니다.

다음은 학벌 우상을 회개한 한 학생의 간증입니다.

명문고에 다니는 저는 성적이 우수한 편이고 모의고사 점수도 계속 상승세였기에 좋은 대학에 갈 수 있다는 자신감으로 가득했습니다. 그런데 수시 모집에서 자격이 불충분하여 제가 원하는 상위권 대학을 지원할 수 없게 되자 그동안 노력한 것이 허사가 된 것 같아 억울했습니다. 이런 상황을 허락하신 하나님도 원망스러웠죠.

그러다 수능 시험을 앞두고 문득 불안감이 밀려왔습니다. 그래서 '가뜩이나 공부할 시간도 부족한데 그 시간에 공부나 더 해야겠다' 하며 학교의 기독 모임에 참석하지 않았습니다. 주일에는 예배에도 지각하기 일쑤였죠. 명문대에 가서 왕의 자리(전 4:14)에 올라 세상에서 군림하고 싶었기에 말씀 공동체에 속해 예배를 드리는 것이 저를 지켜 주는 세 겹 줄임을(전 4:12) 알지 못한 것입니다.

이후 공부를 더 많이 했는데도 오히려 모의고사 점수가 수직으로 하강하였고, 그럴수록 저의 명문대 집착은 더욱 심해졌습니다. 그런데 "아무리 무수한 사람을 다스린 왕이었을지라도 그것 역시 지나고 나면 헛되어 바람을 잡는 일에 불과하다"(전 4:16)는 말씀을 묵상하다가 명문 대학이 저를 행복하게 해 줄 수 없다는 것을 조금은 알게 되었습니다. 이제는 언젠가 없어질 허무한 것들에 가치와 의미를 두지 않겠습니다. 영원하신 하나님 안에 거하는 삶이 진정으로 가치 있는 인생임을 알기 원합니다.

이 학생은 "앞으로 주일예배에 지각하지 않겠습니다", "진로를 하나님의 뜻대로 인도해 주시길 기도하겠습니다"라고 적용했습니다.

"한국의 엄마들은 자녀가 S대에 들어갈 수만 있다면 들키지 않는다는 조건하에 어떤 불법이라도 저지를 수 있다"는 말이 있습니다. 자녀의 명문대 합격을 구세주로 여기기 때문이죠. 어떤 사람에게는 돈이 구세주이고, 성공이 구세주입니다.

그런데 다들 붙으면, 성공하면 그것이 유토피아일까요? 다 똑같으면 그것은 이미 유토피아가 아닙니다. 유물론이 평등을 부르짖어도 물질의 평등은 결국 가난을 초래합니다. 공산주의가 그래서 몰락하지 않았습니까?

그런데도 거짓 그리스도는 "모두가 평등한데 너만 왜 그러고 사느냐? 불공평하지 않느냐" 하며 미혹합니다. 그 미혹에 다들 쉽게 넘어가죠.

그러나 하나님은 오직 주님만이 구세주임을 알게 하시고자 각자에게 딱 알맞은 환경을 주셨습니다. 그러므로 우리는 각자 환경이 다를 수밖에 없음을 인정해야 합니다.

사도 바울은 빌립보서 3장 7절과 8절에서 "무엇이든지 내게 유익하던 것을 내가 그리스도를 위하여 다 해로 여기고, 배설물로 여긴다"고 했습니다. 배설물은 밖으로 내버리지 않으면 안에서 다 썩어 버리죠. 우리가 아무리 교양과 위선으로 겉을 치장해도 그렇습니다. 내 안에 있는 배설물을 내버리지 않으면 속이 곪고 병들 수밖에 없습니다.

율법의 의로는 흠이 없는 바울도 자신의 모든 것을 배

설물로 여겼는데, 하물며 그보다 못한 우리는 말할 것도 없지 않겠습니까. '그리스도 안에서'가 아니면 이 세상 모든 것은 죄다 배설물에 불과합니다. 인간은 100% 죄인이기 때문입니다.

하지만 겉치레하기 바쁜 우리는 자기의 더러움을 보지 못하는 경우가 허다합니다. 자기 자랑하기에만 바쁘고, 자기만족에 빠져 사니까 무엇이 잘못되었는지조차 잘 모릅니다. 당연히 자기 부인도 없지요. 교회를 다녀도 건성으로 예배드리고 건성으로 기도합니다. 그러므로 우리는 겉치레로, 건성으로 신앙생활을 하고 있지 않은지 늘 자신을 돌아봐야 합니다.

합격, 돈, 성공이 구세주가 아닙니다. 주님만이 우리의 구세주가 되십니다. 이것을 모르면 세상 축복은 도리어 저주가 될 수 있습니다.

그러므로 붙을수록, 잘될수록 우리는 영적으로 깨어서 더욱 회개에 힘써야 합니다.

## 최후 승리를 얻기까지

우리가 붙으면 회개해야 할 이유는 여호수아서를 통해서도 살펴볼 수 있습니다.

여호수아서는 각종 전쟁 가운데 이스라엘이 승리하고 '살아남은' 이야기입니다. 그런데 7장 1절에 보면 이스라엘 자손들, 특히 '유다 지파 세라의 증손 삽디의 손자 갈미의 아들' 아간이 온전히 바친 물건으로 말미암아 범죄한 이야기가 나옵니다.

아이(Ai) 성 전투가 시작되기 전, 7장 서두에 이 말씀을 기록한 이유가 무엇인가요? 앞으로 벌어질 싸움이 실패로 이어지는 근본적인 원인이 바로 죄 때문임을 강조한 것이죠. 딴 사람도 아니고 유다 지파 중에서 죄인이 나왔습니다. 다시 말해, 모든 백성 중에서 유력한 지파 사람이 범죄를 저지른 것입니다.

7장 2절 이후를 보아도 그렇습니다. 여리고(Jericho) 성 전투 때는 "여호와께서 여호수아에게 이르시되 보라 내가 여리고와 그 왕과 용사들을 네 손에 넘겨 주었으니"라는 말씀의 인도를 받고 출발했습니다(수 6:2). 그런데 여리고 성을 멋지게 무너뜨리고 나서는 어찌합니까?

승리감에 도취했습니다. 요즘 말로 표현하자면 '자뻑'(자기가 잘났다고 스스로 믿는 일)에 빠진 겁니다. 백성 중에 하나님 앞에 간절한 사람이 아무도 없습니다. 그 입에서 "모든 백성을 그리로 보내어 수고롭게 하지 마소서"라는 말이 예사롭지 않게 나옵니다(수 7:3). 그러니 어찌 정탐을 잘할 수 있겠습니까? 절대 못 하죠. 더구나 여호수아마저 하나님의 말씀 없이 명령을 내립니다. 대표적인 자기 과신의 모습입니다.

'내가 여리고(Jericho) 성을 무너뜨렸다. 그러니 아이(Ai) 성은 아무것도 아니다!' 이런 생각에서 실패가 비롯됩니다. 생각해 보세요. 여리고 전투에서 이스라엘 백성이 한 일이 뭐가 있습니까? 소리 한 번 지른 것밖에 더 있습니까? 자신들은 한 일이 아무것도 없는데, 막상 이기고 나니까 자만심이 생긴 것이죠. 그러자 어떤 일이 일어납니까? 여리고 성 전투에서는 단 한 명의 전사자도 없었는데 아이 성 전투에서는 36명이나 죽습니다(수 7:5). 여호수아는 그제야 옷을 찢고 머리에 티끌을 뒤집어쓰고 하나님 앞에 엎드립니다(수 7:6). 그러자 하나님은 아간의 범죄로 인해 전투에서 패한 것임을 알려 주십니다. 이에 백성은 회개의 적용으로 전리품들을 불사르고, 아골 골짜기에서 아간과 그 가족을 돌로 처형합니다(수 7:11~26). 이후 이스라엘 백성은 아이(Ai)와의 복구전에서 승리하죠(수 8장).

그러나 하나님을 믿는 우리 인생에서 가장 중요한 것은 전쟁에서 이기는 것이 아닙니다. 그 후의 삶이 더 중요합니다. 아이 성 전투에서 승리한 여호수아가 그랬습니다. 그는 곧장 여호와를 위하여 에발 산에 제단을 쌓고 번제물과 화목제물을 그 위에 드렸습니다(수 8:30~31).

그런데 여러분, 아이 왕을 죽이고 많은 전리품까지 취한 이때 번제와 화목제를 드리기가 쉬웠을까요? 내가 그토록 원하던 대학에 붙고, 회사에 취직하고 질병이 싹 다 나았습니다. 그러면 보통 십자가는 생각하고 싶지 않기 마련입니다.

하지만 11장 9절에 보면 여호수아가 계속되는 전쟁에서도 "여호와께서 자기에게 명령하신 대로 행하여 그들의 말 뒷발의 힘줄을 끊고 그들의 병거를 불로 살랐다"고 합니다. 힘들게 전쟁에서 이기고 얻은 전리품인데 그 말과 병거를 불사르기가 어디 쉽습니까? 딱 말 한 필만 가져도 인생이 편할 것 같은데 아깝지 않았을까요? 그런데도 여호수아가 굳이 이런 적용을 한 이유가 무엇일까요?

입시 전쟁이든, 취업 전쟁이든, 결혼 전쟁이든 마찬가지입니다. 그 최종 목적이 하나님 나라를 위한 것이라면 굳이 전리품에 집착할 필요가 없다는 것이죠. 내가 애써 챙기지 않아도 하나님이 직접 챙겨 주십니다. 말과 병거를 비축하게도 하시고, 불사르게도 하시는 하나님이십니다.

내가 계속하여 붙고 또 붙는 인생을 살아도 그렇습니다. 내가 취득한 모든 전리품은 영적 기업을 이루는 데 써야 합니다. 구원을 위해, 사람을 살리는 일에 사용해야 해요.

그런데 우리는 어떻습니까? 학교만 붙으면, 결혼만 하면, 병만 나으면 다 하나님께 드리겠다고, 주님만을 위해 살겠다고 서원합니다. 하지만 막상 원하는 것을 얻고 나면 내가 취하고 싶은 부분이 꼭 생기죠. 자랑하고 싶은 부분이 다 있습니다. 그래서 좋은 학교에 들어가면 먼저 하나님이 인도해 주셨다고 고백하기보다는 은근슬쩍 나 자신부터 드러내려고 할 때가 많지요. 결혼도, 취업도 그렇습니다. 잘되면 잘될수록 누군가에게 자랑하고 싶은 것이 인간의 실상입니다. 그러나 이 모든 승리는 육적으로 나 혼자 누리라고 주신 게 아닙니다. 승리의 때일수록 영적으로 더욱 긴장하고, 기업을 나누는 데 힘써야 하는 이유가 여기에 있습니다. 그러므로 최후 승리를 얻기까지 험한 십자가 든든히 붙들고, 주님 앞에 잘 엎드려야 합니다.

## 복이 넘칠수록 회개해야 할 이유

느헤미야서를 보면 바벨론 포로 생활을 끝내고 돌아온 이스라엘 백성이 140년 동안 무너져 있던 예루살렘 성벽을 52일 만에 중수합니다. 그러고는 사로잡혔다가 돌아온 회중이 다 초막을 짓고 그 안에 거하면서 크게 기뻐합니다 (느 8:17). 하지만 이들이 큰 잔치를 벌였다는 기록은 없습니다. 8장 18절에 보면 "에스라는 첫날부터 끝날까지 날마다 하나님의 율법책을 낭독하고 무리가 이레 동안 절기를 지키고 여덟째 날에 규례를 따라 성회를 열었느니라"라고 합니다. 이처럼 성벽 공사를 마친 이스라엘 백성은 말씀 성회를 열고 초막절을 지켰습니다. 이를테면 그동안 열심히 공부해서 대학에 딱 붙었는데, 룰루랄라 하지 않고 교회에 가서 예배부터 먼저 드렸다는 것이죠.

하지만 '이것으로 끝'이 아닙니다. 말씀 성회를 열고 나서는 곧장 "다 모여 금식하며 굵은 베 옷을 입고 티끌을 무릅쓰며"(느 9:1) 회개합니다. 왜 그랬을까요?

이사야서 58장 6절과 7절에 보면 "내가 기뻐하는 금식은 흉악의 결박을 풀어 주며 멍에의 줄을 끌러 주며 압제 당하는 자를 자유하게 하며 모든 멍에를 꺾는 것이 아니겠느냐 또 주린 자에게 네 양식을 나누어 주며 유리하는 빈민을 집에 들이며 헐벗은 자를 보면 입히며 또 네 골육을 피하여 스스로 숨지 아니하는 것이 아니겠느냐"라고 합니다.

이스라엘 백성은 말씀을 듣다 보니 알게 모르게 지은 죄들이 생각났을 것입니다. 그동안 일에 몰두하느라 말씀을 멀리하고, 주위 사람들의 영혼 구원에 무관심한 자신들의 죄를 보았을 것이에요. 그러므로 성벽 완공이라는 성공의 자리에서 자만하지 않고 금식하며 회개한 것입니다.

우리를 위해 십자가에 못 박히신 예수님은 십자가에서 죽으시면서 '다 이루었다'라고 말씀하셨습니다(요 19:30). 무엇을 다 이루셨나요? 만세 전에 계획하신 구원의 일을 다 이루셨습니다. 이 모든 일을 십자가 고통과 죽음으로 다 이루셨어요. 그렇습니다. 구원은 오직 죽음으로만 얻을 수 있습니다. 성적과 학벌과 성공과 돈과 인기와 미모로 얻을 수 없습니다. 그러므로 우리는 죄에 대해 죽어야 합니다. 그것도 잘 죽어야 합니다. 공부도, 직장 생활도 다 잘 죽기 위해 해야 합니다. 잘 죽는 것이 가장 잘 사는 길이기 때문입니다.

그런데 우리는 인생에서 뭔가를 이루면 다 내가 잘나서 그런 줄 착각합니다. 그러니 잘될 때일수록 죄를 자복하고 회개하기란 더더욱 어렵습니다. 생각해 보세요. 내 자녀가 공부도 잘하고, 대학에도 직장에도 단번에 붙었는데, 그럴 때 애통하며 금식할 부모가 어디 있겠습니까?

배우자가 회사에서 승승장구하고, 사업이 날로 번창하는데, 그의 구원을 위해 눈물 흘리며 회개하기가 어찌 쉽겠습니까?

게다가 붙고 또 붙는 인생을 계속 살다 보면 어느새 하나님 없이도 잘 살 수 있다는 착각의 늪에 빠지기 쉽죠. 높은 자리에 오를수록 낮은 자리에 있는 사람과는 거리를 두다 보니 영혼에 대한 사랑도 절로 식어 갑니다.

그러므로 우리는 뭔가 되었다 하는 순간에 하나님보다 나 자신을 높이려고 한 것을 회개해야 합니다. 대학에 붙고, 사업이 잘되고, 모든 일이 성공적으로 이루어질수록 자만하지 말고 티끌을 무릅쓰고 회개해야 합니다.

내 가족이 잘되고 있을 때도 그래요. 잘될수록 하나님과 더욱 멀어지고 회개도 일절 하지 않고 있다면 내가 먼저 그들을 위해 기도하고 회개해야 합니다.

"하나님, 내 자녀가 예수님을 안 믿는데 대학까지 떡하니 붙었습니다. 내 남편이, 내 아내가 하나님을 부인하는데 하는 일마다 잘되고 있습니다. 하나님, 이 일을 어찌하면 좋습니까. 어떻게 해야 저들이 하나님을 만날 수 있

겠습니까!" 애끓는 심정으로 안타까워하며 주님 앞에 엎
드려야 합니다.


## 악하고 음란한 이방 가치관

이스라엘 백성이 예루살렘 성벽을 재건한 후 회개한 이유
는 또 있습니다.

　느헤미야서 9장 2절에 보면 "모든 이방 사람들과 절
교하고 서서 자기의 죄와 조상들의 허물을 자복하고"라고
합니다. 여기서 "이방 사람과 절교하라"는 말씀을 배타적
이라고 보면 안 됩니다. 우리는 항상 말씀을 구속사적으로
읽어야 합니다. 이 말씀은 "이방 사람과 교제하지도 말고,
결혼도 하지 말라"는 뜻이기는 하지만, 더 나아가서는 이
방 가치관, 세상 가치관과 절교하라는 의미입니다.

　예수님은 이 세대의 특징을 '악하고 음란하다'(마 12:39)
이 두 가지로 정의하셨습니다. 이 세상 가치관은 아무리
그럴듯해 보여도 악하거나 음란하거나 둘 중 하나입니다.

아무리 선하고 의로워 보이는 사람도 예수님을 믿지 않으면 악하거나 음란합니다.

우리가 대학에 붙고 취업에 성공해도 그래요. 세상으로 나아가면 이방 가치관과 맞닥뜨릴 수밖에 없습니다. 악한 친구, 음란한 직장 동료를 만나게 됩니다. 그들과 함께 공부하고, 함께 일도 해야 하죠. 대놓고 절교할 수는 없는 노릇입니다. 기왕에 함께해야 할 내 친구, 내 동료라면 그들의 구원을 위해 기도해야 하지 않겠습니까? 무엇보다 나 역시 악하고 음란한 이방 가치관에 빠져들지 않도록 기도해야 합니다.

내가 믿지 않는 배우자와 결혼해도 그렇습니다. 그 배우자가 세상만 쫓아다닐 수 있습니다. 악하고 음란할 수 있어요. 하지만 상대의 허물을 탓해서는 안 됩니다. 그 허물 때문에 내가 하나님 앞에 먼저 자복해야 합니다. 이방 가치관을 절교하지 못한 내 죄를 먼저 보아야 해요. 육신의 정욕을 좇아 불신결혼한 내 삶의 결론임을 인정해야 합니다. 왜 그렇습니까?

내 죄와 허물을 회개하는 것이 상대방을 향한 최고의

사랑이기 때문입니다. 그래서 사랑하는 배우자와 부모, 형제에게 복음을 전하려면 저절로 내 죄를 자복하게 됩니다. 억지로 하는 것이 아닙니다. 상대방을 진정으로 사랑하기 때문에 "나 때문이다. 내가 욕심을 내려놓지 못했다. 내가 이기적이었다" 하고 대신 죄를 보게 되는 겁니다. 상대방이 잘못을 저질렀다고 해도 그 죄를 대신 회개하는 것이야말로 예수 믿는 자만이 누릴 수 있는 엄청난 복입니다.

그러니까 아무리 결혼생활이 슬프고 괴로워도 "배우자의 허물 때문에 힘들어서 못 살겠다" 이러면 안 됩니다. 이혼하겠다는 것 역시나 이방 가치관이기 때문입니다. 불신결혼이든 이혼이든 손해 안 보고, 잘 먹고 잘살려고 이방 가치관을 택한 내가 문제임을 인정하고 회개해야 합니다.

느헤미야 시대의 이스라엘 자손들도 말씀과 예배가 회복되기 전에는 "조상 때문에 우리가 망하고 예루살렘 성전이 불탔다" 하며 조상 탓만 했을 겁니다. 그런데 말씀으로 자신을 돌아보게 되니 비로소 조상 탓이 아니라 '내 탓'인 걸 알게 됐습니다. 그래서 조상의 죄와 허물까지도 대신 회개하게 된 것입니다.

9장 3절에 보면 "이 날에 낮 사분의 일은 그 제자리에 서서 그들의 하나님 여호와의 율법책을 낭독하고 낮 사분의 일은 죄를 자복하며 그들의 하나님 여호와께 경배하는데"라고 합니다. 이스라엘 백성은 각자 일상의 자리에 서서 낮 시간의 4분의 1인 3시간은 말씀을 보고, 또 낮 시간의 4분의 1인 3시간은 죄를 자복했습니다.

우리도 이렇게 오랜 시간 말씀을 묵상하다 보면 내 죄 보는 훈련이 저절로 됩니다. 말씀을 꾸준히 보면 볼수록 죄인 된 나의 실상이 보이기 때문입니다. 때마다 시마다 내 죄가 보이면 말씀이 지루하게 느껴질 틈이 없습니다. 오늘 말씀을 보고 내 죄를 깨달아서 자복해도 내일 말씀을 보면 새롭게 자복할 죄가 또 생각나기 때문입니다. 그리스도인의 삶이란 이처럼 천국 가는 그날까지 날마다 말씀을 보고 내 죄를 자복하는 것입니다. 이것이 바로 하나님 여호와를 경배하는 인생입니다.

주님은 어떤 상황에서도 자신의 더러움을 알고, "자기 두루마기를 빠는 자들에게 복이 있다"고 말씀하셨습니다(계 22:14). 여기서 두루마기는 겉옷입니다. 속옷이 누추

해도 겉옷을 그럴싸하게 걸치면 멋있어 보이죠. 그래서 우리는 겉치레에 진심이면서 정작 자기 더러움은 잘 보지 못할 때가 많이 있습니다.

그러면 내 더러워진 두루마기는 무엇으로 빨아야 할까요? 이 세상에 내 더러움을 빠는 세제는 없습니다. 오직 그리스도의 보혈로만 내 더러워진 옷을 빨 수 있습니다. 예수의 보혈로만 내 더러움을 씻어 낼 수 있습니다.

자기 두루마기를 빤다는 것은 곧 '회개'를 뜻합니다. 나의 수치를 오픈하고, 내 안에 선한 것이 없음을 고백하는 것이죠. 이 말씀에서 '빠는'을 헬라어 원어로 보면 현재시제입니다. 계속해서, 반복적으로 빠는 것을 의미합니다. 다시 말해, 주님 앞에 나의 더러움을 내어놓고 '날마다' 고백해야 한다는 것이죠. 이것이 진정한 회개입니다. 그리하면 내 더러운 수치가 가려지는 은혜를 입고, 죄 사함을 받습니다. 우리가 정결하게 되는 비결은 회개뿐입니다. 그래서 붙어도 떨어져도 회개만이 살길입니다.

. . .

붙고 또 붙는 인생을 계속 살다 보면
어느새 하나님 없이도 잘 살 수 있다는
착각의 늪에 빠지기 쉽습니다.
그러므로 우리는 뭔가 되었다 하는 순간에
하나님보다 나 자신을 높이려고 한 것을 회개해야 합니다.
대학에 붙고, 사업이 잘되고, 모든 일이 성공적으로 이루어질수록
자만하지 말고 티끌을 무릅쓰고 회개해야 합니다.

. . .

# Question & Think

세상 축복은 도리어 저주가 될 수 있습니다

Q. 주님이 가려 주신 내 더러운 수치는 무엇입니까? 붙었다고 '좋아라'만 하다가 슬피 울며 이를 갈게 된 적은 없습니까? 축복인 줄 알았는데, 결국 저주가 되어 버린 것(사건)은 무엇입니까?

....................................................................................

....................................................................................

....................................................................................

최후 승리를 얻기까지 주님 앞에 잘 엎드려야 합니다

Q. 하나님이 잠시 나에게 주신 승리의 기쁨은 무엇인가요? 그 승리의 전리품을 나 혼자만 누리고 있나요? 구원을 위해 잘 나누고 있나요? 내 인생을 편하게 해 줄 것만 같아서 꼭 붙잡고 있는 말 한 필은 무엇입니까?

....................................................................................

....................................................................................

....................................................................................

복이 넘칠 때일수록 티끌을 무릅쓰고 회개해야 합니다

Q. 대학에 붙고, 직장에 붙고, 아파트 청약에 붙어도 굵은 베옷을 입고 티끌을 무릅쓰고 회개해야 할 것은 무엇입니까? 믿음도 없는 내 가족이 하는 일마다 잘되면 나의 마음은 어떠합니까? 마냥 기쁩니까? '하나님 만날 기회를 또 놓쳤다' 하며 안타까워합니까?

..............................................................................................................
..............................................................................................................
..............................................................................................................
..............................................................................................................

잘될수록 이방 가치관에 빠져들지 않도록 기도해야 합니다

Q. 내 부모, 내 형제, 내 집안의 허물은 무엇입니까? 날마다 그 허물을 탓하고 있지는 않습니까? 그 허물 때문에 내 죄를 회개합니까? 대학에 붙고 취업에 성공한 가운데 맞닥뜨린 이방 가치관은 무엇입니까? 지금 그 이방 가치관과 딱 절교했습니까? 아니면 적당히 타협하며 지내고 있습니까?

..............................................................................................................
..............................................................................................................

## 우리들 묵상과 적용 🖐

지방에 사는 저는 초등학교 4학년 때부터 가족과 함께 매주 교회가 있는 판교까지 올라오고 있습니다. 어릴 때는 가족여행을 다니는 것 같아 즐거웠지만, 막상 고3이 되니 시간과 돈이 아깝다는 생각이 들었습니다. 그래도 엄마는 매주 포기하지 않고 "교회 가자" 하며 저를 이끄셨습니다.

아빠는 제가 어릴 때부터 술을 자주 드시고 밤새 엄마와 언성을 높이며 싸우셨습니다. 저는 그런 부모님을 보며 저러면서까지 왜 같이 사는지 의문이 들었습니다. 게다가 작년에 아빠가 실직하면서 집안 분위기는 더 냉랭해졌습니다. 저는 바이올린을 전공해서 돈이 많이 들다 보니 부모님의 눈치를 더 살피게 됐습니다. 한번은 부모님이 말다툼 끝에 "이젠 빚낼 돈도 없다"고 하시는데, 그게 꼭 제 탓 같아 우울해졌습니다.

엄마와 이모는 무슨 일만 생기면 "너 오늘 큐티했니? 큐티부터 해야지!"라고 이야기합니다. 그 덕분에 어릴 때부터 큐티하는 습관을 들이긴 했지만, 큐티한다고 돈이 생기는 것도 아니고, 당장 내 문제가 해결되는 것 같지도 않으니 저는 말씀을 우습게 여겼습니다. 그래도 고3 수험생활이 힘들다 보니 저는 매일 말씀을 붙들 수밖에 없었습니다. 그러다 얼마 전에 바이올린 실기로 수시를 보았는데, 실기를 잘 봤다고 생각한 학교는 예비 합격자가 되고, 오히려 망했다고 생각한 학교에서 합격했다는 연락이 왔습니다. 저는 합격 소식을 들으면 마냥 기쁠 줄 알았습니다. 그런데 도리어 회개가 나왔습니다. 큰 대회와 실기시험이 있을 때만 사람들에게 기도를 부탁하고, 부모님이 싸우셔서 힘들 때만 겨우 하나님을 찾던 저의 가식적인 모습이 떠올랐기 때문입니다. 제가 너무 연약해서 부모님 탓, 환경 탓, 제 탓을 하며 하나님을 떠날까 봐 시험에 붙여 주신 것 같아 정말 회개가 됩니다.

저는 청소년부 수련회에서 '은사는 개발하는 것'이라는 설교 말씀을 듣고 도전을 받아 바이올린을 시작했습니다. 음악으로 하나님께 쓰임받고 싶다고 기도했는데, 하나님은 입시를 치르며 그 기도를 생각나게 해 주셨습니다. 슬로브핫의 딸들은 기업을 지키고자 여호와께서 명령하신 대로 행하였다고 합니다(민 36:10). 이 말씀처럼 대학 입학에 안주하지 않고, 제게 주신 기업을 잘 지키며 구원의 사명을 감당하기를 소원합니다.

# 제2부

# 왜 떨어지면
# 감사해야 할까요?

첫째,

# 별 인생 없습니다

## 주님 만날 타이밍, 흉년

제 남편은 자식에 대한 교육열이 참으로 대단했어요. 그래서 한때는 학군을 좇아 서울 강남으로 이사까지 했었죠. 그런데 남편이 갑자기 세상을 떠난 이후 결국 자녀 교육은 저 혼자의 몫이 되고 말았습니다. 게다가 안타깝게도 아이들은 공부를 잘 안 했습니다. 하지만 당시 저는 여러 큐티 모임을 인도하느라 아이들의 공부를 살필 여력이 없었습니다. 더구나 그 모임을 통해 많은 사람이 변화되고, 이혼하려던 가정이 합쳐지는 일들이 날마다 일어났습니다. 그러니 어찌 제가 그 일을 마다하고 우리 애들 공부만 가르칠 수 있었겠어요. 또 제가 공부를 가르치면 얼마나 잘 가르쳤겠습니까.

그런 저를 보고 "남편도 없는데 두 팔 걷어붙이고 애들 공부를 시켜야지. 나다니며 큐티한다고 인생이 다 해결되나?" 하는 사람도 있었습니다. 하지만 제가 아이들 교육에 열심을 내지 않았다고 해서 밖으로 나다닌 것은 아닙니다. 엄마의 자리를 지키기 위해 집에서 전화로 전도하고, 상담했어요. 큐티 모임도 집에서 가졌죠. 집회 요청이 오면 하루라도 자고 와야 하는 일정은 거절했습니다. 당일에 마치고 돌아올 수 있는 곳만 다녔습니다. 자녀의 성적이나 입시보다 구원 때문에 다른 사람들을 돕는 일에 더 정성을 기울였습니다. 그러자 하나님이 저에게 어떤 역사를 보여주셨을까요?

아들도 딸도 '열심히' 대학에 떨어져 주었답니다. "저렇게 큐티하더니 애들은 대학에 똑똑 떨어지네" 하는 소리가 제 귓가에 맴돌았지요. 그래서 '하나님, 제 자식들 좀 붙여 주셔야 하지 않나요?' 이런 마음도 들었습니다. 그런 간절함 때문이었을까요? 아들은 삼수, 딸은 재수 끝에 대학에 들어갔습니다. 물론 기쁘고 감사했습니다. 하지만 저는 아이들의 합격 소식보다 전도한 사람이 살아났다는 소식을 들었을 때가 더 기뻤습니다. 말씀을 듣고 이혼을 철회하고 회복된 가정을 보았을 때가 더 감사했어요.

여러분 같으면 내가, 내 자식이 대학 입시에 계속 실패하는데 다른 사람이 살아났다고 기뻐할 수 있겠습니까? 사실 눈에 보이는 것, 잡히는 것 하나 없는 상황에서 떨어져도 감사하며 산다는 게 쉬운 일은 아니지요. '그래도 우리 아이는 떨어지면 안 되는데……' 하는 게 부모 마음입니다.

품질 좋은 자녀를 바라다가 배반을 당했다는 한 집사님이 교회 홈페이지에 '합격 품질'이라는 제목으로 이런 글을 올리셨습니다.

저는 품질 좋은 자녀를 원했습니다. 그러나 하나님은 너무나 하찮고 보잘것없는 자녀를 제 곁에 붙이셨습니다. 7년 전, 아들은 수능 시험을 치르던 날 첫 시간에 시험을 보지 않겠다면서 도중에 나와 버렸습니다. '합격'이라는 품질을 기대하지 않았기에 놀랄 일도 아니었습니다. 그 후로 긴 세월이 흘렀지만,

아들은 더 안 좋은 쪽으로 달려갔습니다. 얼마 전에는 핸드폰 장물을 팔아넘기다가 불구속 입건되기도 했습니다. 제 아들의 품질이 이렇습니다. 너무 나빠서 어디 내놓을 수도 없습니다. 그러니 하나님께 드린다는 것은 상상도 못 해 봤습니다. 저는 품질이 '합격'이라야, 좋은 상태가 되어야 하나님께도 드릴 수 있다고 생각했기 때문입니다. 그래서 외모와 성공 복음으로 품질 좋은 자녀를 취하려고 억지를 썼습니다. 그런데 이렇게 멸망에 이르는 줄도 모르고 달려온 저의 죄가 이제야 깨달아집니다.

참고로 이 집사님은 교사이고, 남편은 훌륭한 공무원입니다. 세상적으로는 부족함이 없는 집안인데, 두 아들이 정말 오랫동안 말썽을 피워 댔다고 해요. 하지만 두 아들의 수고로 이 부부는 "별 인생 없다"는 것을 알고, 교회 소그룹 리더로서 지체들 살리는 일에 온 마음을 다하고 있습니다. 그러니 이야말로 '떨어져서 감사' 아닙니까?

하나님이 내게 어떤 땅을 분배해 주셔도 그렇습니다. 평지든 경사지든 골짜기든 그 땅은 나에게 최상의 기업입니다. 이혼한 부모라도, 월급을 쥐꼬리만큼 주는 회사라도 하나님이 최상의 기업으로 분배해 주신 것입니다.

그러므로 내게 주신 기업이 보잘것없어 보여도 잘 받아들여야 합니다. 그 기업에 부지런히 기름을 칠하고 공을 들여야 해요. 내 몫이 작다고 거절하면 안 됩니다. 날마다 남과 비교하면서 '우리 애는 왜 이렇게 공부를 못해!', '우리 집은 왜 이리 돈이 없어!', '우리 부모는 왜 이혼한 거야!' 하는 불평을 그만 멈춰야 합니다.

우리가 부족함이 없을 때는 뭐든지 믿음으로 감당할 수 있을 것 같아도, 흉년이 오면 믿음의 현주소가 딱 드러나기 마련입니다. 룻기 1장에 나오는 엘리멜렉, 나오미의 남편이 그랬습니다. 그는 믿음의 땅에서 잘 살다가 흉년이 오니까 아내와 두 아들을 데리고 모압으로 피했습니다 (룻 1:2). 그런데 그 결과가 어찌 되었나요? 자신도 두 아들도 모압 땅에서 모두 죽었습니다. 이처럼 가장의 잘못된 결정 때문에 내 가족이 해를 입을 수 있습니다.

아무리 먹고살기가 힘들어도, 믿는 우리는 유다 베들레헴, '말씀의 떡집'을 떠나서는 안 됩니다. 떨어지고 망하는 일이 있어도 믿음의 땅에 거하는 것이 나도 살고 내 자녀도 살리는 길입니다. 어떤 흉년이 와도 예수님만이 생명의 떡이십니다. 주님만이 우리에게 풍성함을 주십니다.

엘리멜렉과 나오미가 흉년에도 불구하고 모압으로 피하지 않고 자기 자리를 잘 지키고 있었다면 어땠을까요? 육적으로 병약하고 쇠약한 자녀일지라도 풍성한 찬송의 떡을 먹으며 살았을 것입니다.

제 인생을 돌아봤을 때도 그래요. 아무리 생각해도 저는 목회자의 길을 걸어갈 사람이 아니었어요. 그런데 하나님이 제가 가려던 길을 다 막으셨습니다. 그럼에도 불구하고 제 자리를 떠나지 않고 있었더니 제게도 하나님 나라가 보이기 시작했어요. 남편과 두 아들을 잃는 흉년을 겪은 후에야 나오미에게 말씀이 들리고 남은 것이 보였듯이(룻 1장), 저도 힘든 시집살이를 거치며 낮아지고 낮아져서야 말씀이 들리고, 남은 것이 보이게 된 것입니다.

그 남은 것이 무엇인가 하면, 첫째는 힘든 사람들이 제 눈에 들어오기 시작한 것입니다. 그래서 일어날 힘 전혀 없고 누구에게도 말하지 못하는 사연을 가진 한 사람,

그 한 사람과 함께 말씀을 묵상하면서 그의 친구가 되어 주었습니다. 이후 저는 구역 모임, 큐티 모임에서뿐만 아니라 전도하려고 만난 사람들 앞에서도 저의 죄와 수치를 나누며 복음을 전했습니다.

두 번째는 내 지식과 교양으로는 남편과 시어머니를 사랑할 수도, 섬길 수도 없음을 자복하게 된 것입니다. 여태껏 제가 살아오면서 가장 잘한 일 한 가지를 꼽으라고 하면 일류대에 붙은 것도, 부잣집에 시집간 것도 아닙니다. 하나님을 인격적으로 만나면서 내 무능함과 연약함을 고백하게 된 것입니다.

그러니 여러분, 지금 당장 길이 막혔다고, 떨어졌다고 낙망하고 낙심하지 마세요. 오히려 흉년의 때야말로 하나님을 만나기 가장 좋은 때입니다. 떨어지면 떨어질수록 그 가운데 역사하시는 하나님 나라를 바라보시기 바랍니다. 하나님이 지금 그 길을 막으신 데에는 분명한 이유가 있습니다. 하나님이 패스시켜 주시는 길이 따로 있습니다. 그 길이 최고의 길입니다.

## 떨어지는 게 인생의 끝은 아니다!

제가 오랫동안 재수생 큐티 모임을 인도하면서 수험생들에게 "너는 대학에 반드시 붙을 거야"라고만 이야기했더라면 어떤 일이 일어났을까요? 그러면 대학에 떨어진 학생들은 누가 책임져 줍니까? 그래서 저는 아이들에게 떨어지는 이야기를 훨씬 많이 했어요. "붙으면 회개하고, 떨어지면 감사하라" 하며 붙회떨감의 가치관을 심어 주었지요. 이렇게 평소에 예방주사를 잘 맞았기에 떨어진 아이들은 좌절하지 않았어요. 공동체를 떠나지도 않았지요. 다들 남아서 기쁘게 신앙생활을 했습니다.

앞서 1부에서 '멋진' 에베소 교회 이야기를 했지만, 그보다 더 멋진 교회는 서머나 교회입니다. 서머나 교회는 옥에 던져지는 시험을 받고, 십 일 동안 환난을 겪었습니다(계 2:10). 하지만 그 시험과 환난을 잘 통과하고 나서는 2천 년 넘게 우리에게 은혜를 끼치고 있습니다.

우리가 입시에 떨어지고, 취직 시험에 떨어지는 환난을 받아도 그래요. 그 시험과 환난을 잘 통과하면 100점

받아서 단번에 붙는 것보다 훨씬 나은 인생을 살 수 있습니다. 200점짜리 인생이 되는 것입니다. 두 번 떨어지면 300점 인생입니다.

이 땅의 청소년들이 입시에 사활을 걸듯이 제 자녀들도 그런 시기를 겪었습니다. 특히 아들은 사춘기 시절에 갑작스레 아버지를 잃은 탓인지 유난히 저를 힘들게 했어요. 공부를 안 하는 것까지는 괜찮은데 열등감 때문인지 옷이나 신발의 메이커에 유난히 집착했죠. 잠이 많아서 일상생활에 지장을 주기도 했고요. 보다 못해 제가 방에 들어가서 깨우면 아들은 "엄마, 정말 싫어. 나 좀 가만히 놔두세요!" 그랬습니다. 그 후로 더는 아들에게 잔소리를 하지 않았습니다. 그 대신 매주 집에서 학생들과 재수생들을 데리고 큐티 모임을 인도하고, 힘든 사람들을 상담하고 양육했습니다.

그러다 청년이 된 아들은 영국으로 유학을 떠났습니다. 저는 아들 방을 정리하다가 중·고등학교 시절 아들의 일기장을 우연히 보게 되었습니다. 당시는 한창 아들과 갈등이 있을 때니 '얼마나 엄마인 내 욕을 적어 놨을까?' 싶었지요. 그런데 일기장에는 줄곧 "엄마에게 늘 미안한 마음이다. 앞으로는 순종해야겠다" 이런 이야기뿐이었어요. 엄마가 싫다든가 짜증스럽다는 말은 한마디도 없었습니다. 제가 힘든 사람들을 상담하고 양육하는 모습을 보고 아들도 저절로 '엄마에게 순종해야지' 하는 마음을 갖게 된 것입니다.

주님도 "무엇이든지 남에게 대접을 받고자 하는 대로 너희도 남을 대접하라"고 하셨습니다(마 7:12). 정말 그렇습니다. 자녀에게 대접받는 부모가 되는 비결은 따로 없습니다. 내가 받고 싶은 그 대접으로 다른 사람을 섬기고 전도하고 양육하면 됩니다. 내 자식에 대해서는 그저 믿음으로 바라보고 기다리면 됩니다.

반면에 제 딸은 아들과 달리 모범생이었어요. 학창 시절 내내 큐티도 정말 열심히 했죠. 딸이 다닌 초등학교는 전원 예원학교 진학을 자랑하고, 항상 수석 입학자가 나오는 학교로 유명했습니다. 그해에도 그 학교에서 역대 최다 지원자인 30명이 예원 시험을 봤어요. 당시 저는 예원학교와 서울예고 강사로 있으면서 학부모 큐티 모임을 인도했습니다. 그런데 예원학교 선생인 제 딸만 똑 떨어져서 학교의 기록이 깨지고 만 거예요.

그때 저는 '엄마도 멀쩡하고 딸도 멀쩡한데 왜 하필 내 딸만 떨어졌는가?' 고민했습니다. 게다가 학부모 큐티 모임에는 처음 예수님을 믿는 엄마들이 대부분이라 저는 꼭 딸아이를 붙여 주시기를 기도했어요. 그런데 하필 딸만 떨어지니 하나님의 이름이 훼방을 받을까 봐 걱정되더군요. 그러고 나서 학부모들은 자기 아이가 붙으니까 아무도 큐티 모임에 나오지 않았습니다.

이후 일반 중학교를 다니던 딸은 피아노 전공으로 예고에 입학했습니다. 그런데 딸이 고3 때 인대가 늘어나서 팔에 깁스를 하게 됐습니다. 인대가 늘어난 손으로 피아노 쳤으니 그해 대학 입시에서 똑 떨어졌지요. 딸은 재수를 하게 됐지만, 좌절하지 않고 큐티도 전보다 더 열심히 했습니다. 재수 학원에서 아이들을 일곱 명이나 모아 놓고 큐티 모임도 인도했죠.

그해부터 비교 내신제가 시행되면서, 수능 성적으로 내신 평가를 대신한다는 소식이 들려왔습니다. 그러면 예고 출신 아이들은 대부분 수능 성적이 좋으니 모두 1등급이 될 수 있었죠. 저는 "세상에 이런 축복을 주시다니!" 감격했어요.

하지만 그다음 날 '재수생은 제외'라는 게 아니겠어요? 하루아침에 제도가 바뀌는 기막힌 일이 일어난 겁니다. 그러니 '비켜 가도 어찌 이리 비켜 갈 수 있겠는가!' 한탄이 나왔습니다. 너무나 실망한 딸은 하는 수 없이 원하던 대학보다 경쟁이 덜한 학교에 지원할 수밖에 없었죠.

그런데 실기시험 둘째 날에 딸이 그만 어마어마한 실수를 하고 말았습니다. 평소 자신 있어 하던 곡인 데다 재수하느라 다른 친구들보다 1년이나 더 연습한 곡이었는데 말이죠. 집으로 돌아온 딸은 시험을 망쳤다며 펑펑 울었습니다. 제가 방문을 두드려도 문을 열어 주지 않았어요. 하지만 이렇게 고난당하는 것이 정말 축복인 것 같아요. 다음 날 딸이 혼자 새벽기도를 갔다가 기도 중에 회개가 터져 나오는 역사가 일어났기 때문입니다.

"학창 시절 교회에서 반주자로 봉사하고 주의 일을 한다고 생각했지만, 사실은 주의 일을 할 생각이 하나도 없었어요. 이제는 주의 일을 제대로 할게요. 하나님, 저를 용서해 주세요."

저는 이렇게 기도하는 딸의 손을 붙잡고 "엄마는 네가 서울대 간 것보다 백 배 기쁘다"라고 딸을 위로해 주었습니다.

그날 저는 한 선교사 모임에 가서 "딸아이가 워낙 모범생이라 주님을 만나기가 쉽지 않았는데 입시에 떨어지는, 땅끝까지 내려가는 고난 가운데 주의 일을 하겠다고 서원하니 감사합니다. 정말 딸이 서울대에 붙은 것보다 더 기쁩니다"라고 간증했습니다.

그런데 진짜 역사는 그다음에 일어났습니다. 딸이 떨어진 것을 간증하고 집에 돌아왔는데, 글쎄 우리 딸이 붙었다는 거예요. 있을 수 없는 일이 일어난 것이죠. '어찌해서 붙었나?' 궁금해서 그 시험을 채점하신 교수님들을 수소문해서 물어보았습니다. 그랬더니 "아, 틀리고 멈춘 애!" 하며 교수님들이 제 딸을 금방 기억하셨습니다. 그러고는 이러시는 겁니다.

"그 아이가 음악성이 너무 좋았어요. 걔를 떨어뜨리

면 학교가 손해라는 생각이 들었죠. 그래서 어떻게든 턱걸이로라도 붙기만 하라는 마음으로 최고점을 줬지요.”

대학에 입학한 딸은 새내기 수련회 때 선배 언니와 대화하다가 “원치 않는 대학에 교만하게 다닐 뻔했는데, 하나님이 낮아지게 하셔서 이 학교를 감사하게 다니도록 역사하셨어요”라고 나누었습니다. 그러자 그 선배가 신입생 대표로 그 간증을 하라고 해서 딸이 학교에서 간증까지 했습니다. 그런데 이번에는 학교 신문사에서 “사연이 너무 기가 막히다”고 하면서 그 간증을 학교신문에 게재했답니다. 그때 실린 간증문의 마지막 부분입니다.

나는 수험생활을 앞둔 후배에게 ‘건강관리를 잘해라, 어떤 참고서를 보라’고 말하고 싶진 않다. 무엇보다도 성령을 체험하는 수험생활이 되기를 바랄 뿐이다. 성령이 역사하시면 능력이 생긴다. 공부하는 데, 그리고 인간관계에, 전도에, 믿음에……. 상상할 수 없을 정도로 한계가 없으신 하나님이 우리를 당신의 일에 적합한 사람으로 만들기 위해 엄청난 능력을 부여하신다.

교회 나오고, 예수 믿고, 학생부 임원 하고, 성경 읽는 것이 전부는 아니다. 성령으로 잉태되는 사건이 있어야 한다. 그리고 성령을 체험한 사람은 그 영혼의 샘이 고갈되지 않도록, 전과 다른 삶을 살도록 늘 기도해야 한다. 나는 본격적인 수험생활을 하기 전에 자신과 하나님과의 관계를 바로잡으라고 말하고 싶다. 특히 큐티 모임은 큰 은혜를 주는, 내 신앙생활의 원동력이다. …… 마지막으로 학교에서 성경 말씀을 나눌 수 있는 친구를 만들라고 하고 싶다. 혼자보다 같이하는 큐티에서 더 풍성한 은혜를 누릴 수 있기 때문이다.

딸은 대학은 물론 대학원에서도 큐티 모임을 인도했습니다. 하나님이 딸에게 더 크고 영적인 일을 보이신 것이죠. 그러니 자기가 가고 싶던 대학에 떨어진 것이 오히려 감사한 일 아닙니까? 제 딸이 뭔가 대단해서 이런 이야기를 하는 것이 아닙니다.

이후에도 딸에게는 여러 환난이 계속 오고 갔어요. 은혜로 대학에 붙었지만, 간증이 무색하게 뒤늦은 사춘기가 와서 방황도 적잖게 했답니다. 그러나 그 가운데서도 교회를 열심히 섬기고 큐티 모임에도 열중했습니다. 딸도 저도 힘든 사람을 살리려고 걸어가는 그 한 사람이 된 것 같아 정말 감사합니다.

그러니 여러분, 떨어지고 아픈 고난이 얼마나 유익한지 모릅니다. 그러므로 떨어져도 감사인 것입니다.


## 떨어질수록 올라가는 은혜

한 집사님의 중학생 딸이 별다른 사교육을 시키지 않았는데도 늘 성적이 상위권에 있었답니다. 부모가 "공부해라!" 보채지 않아도 알아서 하니 집사님은 이 딸을 보기만 해도 기뻤지요. 이 딸보다 성적이 항상 앞서가는 친구가 있는데, 그 친구의 엄마는 자기 딸이 밤새워 공부하면 같이 밤을 새울 정도로 뒷바라지를 열렬히 하더랍니다. 그런 친구의 엄마를 볼 때마다 집사님은 '내가 너무 안일한가?' 걱정되었지요. 하지만 한편으로는 '그래도 나는 그 시간에 교회에서 열심히 봉사하잖아. 주의 일에 충성하고 있으니 과연

123

하나님이 누구 손을 들어주시는지 두고 보자' 했답니다.

그런데 막상 뚜껑을 열어 보니 실망스러웠습니다. 딸의 성적은 갈수록 떨어졌고, 외고로 진학할 목표마저 포기해야 할 지경이 되었지요. 그러던 어느 날, 이 집사님이 예레미야서 5장 1절 말씀을 큐티하다가 겉으로는 믿음을 앞세우면서 실상은 하나님의 정의와 진리에서 벗어나 살아온 죄가 깨달아졌답니다. 그런데 집사님의 회개는 이것으로 끝이 아닙니다.

회개해도 뒤돌아서면 '하나님, 우리 딸 외고 붙여 주세요'라는 기도만 나옵니다. 이런 제가 너무 절망스럽습니다. 저 때문에 딸의 믿음도 자라지 못하는 것 같습니다. 그래서 많이 슬픕니다.

이 나눔을 읽는데 문득 이런 생각이 들었습니다.

'도대체 우리의 신앙은 어디까지 올라가야 할까? 신앙이 올라간다는 것은 도대체 무엇일까?'

창세기 26장을 보면 이삭은 흉년이 들자마자 하나님을 등지고 애굽으로 가려고 합니다. 그러나 하나님이 붙드

셔서 '그랄'에 머물죠. 이삭은 그 땅에 오래 머물면서 죄를 짓습니다. 심지어 아내인 리브가를 누이라고 속였다가 창피를 당하기도 합니다.

하지만 하나님은 이상하게도 그런 이삭을 야단치지 않으세요. 오히려 농사하여 백 배나 얻는 복을 주십니다. 창대하고 왕성하여 마침내 거부가 되게 하십니다. 이삭이 여기서 잘 먹고 잘살면 좋겠지만, 그는 결국 그 부유함 때문에 블레셋 사람으로부터 시기를 받아 추방당합니다.

더욱이 이삭이 거처를 옮겨 우물을 팔 때마다 그랄의 목자들이 나타나 그 우물을 빼앗습니다. 당시 우물은 생명과 직결된 것이기에 이삭에게는 절박한 문제가 아닐 수 없었지요. 하지만 이삭이 자꾸자꾸 양보하며 우물을 '파고 또 파는' 수고를 했더니 드디어 다툼이 그칩니다. 이삭은 그곳 이름을 '번성'이라는 뜻의 '르호봇'(창 26:22)이라 부릅니다. 그런데 겨우 정착하나 싶을 때 어떤 일이 일어납니까? 이삭이 브엘세바로 올라갑니다(창 26:23). 성경은 "이삭이 올라갔다"고 기록했지만, 사실은 하나님이 올라가게 하신 것입니다.

브엘세바는 이삭이 머물던 그랄 골짜기 르호봇보다 약 150m 낮은 지대입니다. 그럼에도 성경이 올라갔다고 표현한 이유가 무엇입니까? 그곳이 하나님과 언약을 맺은 거룩한 장소요, 믿음의 장소이기 때문입니다. 내가 흉년의 브엘세바로 내려가는 것 같아도 오늘 믿음으로 한 발 한 발 내디디면 하나님이 올라갔다고 여겨 주시는 겁니다. 이 것이 진짜 올라감의 은혜입니다.

하나님이 이삭에게 우물이라는 절박한 문제에 끝없 이 매달리게 하신 것도 그래요. 오직 하나님의 뜻만 간구 하는 자가 되라고 그에게 여러 시험을 허락하신 것입니다.

이삭은 이리저리 옮겨 다니며 우물을 파느라 힘들었 지만 파고, 파고, 또 파다 보니까 어느새 목적지가 달라졌 습니다. 우물을 얻는 것보다 약속의 땅에 거하는 것이 그 인생의 목적이 된 것이죠. 이처럼 하나님은 여러 가지 시 험을 통과하게 하심으로 우리의 목적지를 가나안에서 천 국으로 바꿔 주십니다.

그러므로 우리 인생에서 떨어지고 또 떨어지는 사건 은 하나님이 나를 한 걸음, 한 걸음 하나님 나라로 인도하시는 과정입니다.

그렇게 우리가 영적으로 오르고 오르다 보면 구하는 것도 달라집니다. 여러 가지 시험을 통과하면서 내가 구하는 것과 하나님이 내게 주고 싶으신 것이 다름을 알게 됩니다. 하나님과 함께하는 복만이 영원하다는 것, 보이는 것보다 보이지 않는 것이 더 가치가 있음을 알게 되는 것이죠. 이것이 하나님이 만나 주시는 복입니다. 그러니 떨어져도 복이 되는 것입니다.

그럼에도 제가 성도들에게 "아이가 대학에 떨어져도 복입니다!"라고 말하면 "그런 이야기를 왜 하세요?" 하면서 기분 나빠하는 분들이 꼭 있습니다.

우리 주변을 둘러봐도 그렇지요. "우리 애는 아직 믿음 없어도 돼. 그냥 시험 잘 봐서 우리 집안만 잘되면 돼!" 이러는 부모가 한둘이 아닙니다.

공부 잘하는 자녀가 있으면 온 식구가 집 안에서 발소리도 조심하면서 그 자녀를 우상처럼 여깁니다. 반면에 공부 못하고 속 썩이는 자녀는 '저런 애가 왜 우리 집에 태어났지?' 하면서 무시합니다.

그래서 형을 속이고 집 나간 야곱이 하나님의 택자라고 하면 믿기가 딱 싫습니다. "효자 에서를 두고 왜 하필 지질한 야곱인가요? 하나님, 뭔가 단단히 착각하신 거 아닌가요?" 이렇게 따지는 이유는 하나님의 택하심을 믿기보다 자꾸 행위로만 판단하기 때문입니다. 그러니 내 자녀가 교회에 나오지 않아도 큐티를 안 해도 성적만 좋으면 '만사 오케이!'인 겁니다.

　저도 제 아들이 공부로 일등 했다면 아들 뒷바라지하느라 분주하지 않았을까요? 그랬다면 저의 집에서 큐티 모임을 열 개 넘게 하는 건 상상도 하지 못했을 겁니다. 공부는 '나 몰라라' 하는 아들을 곁에 두고, 날마다 다른 사람들과 함께 말씀을 나누며 기도하는 것이 어찌 제 의지로 가능했겠습니까. 거실에서 시끌벅적하게 모임을 해도 아들이 '여전한 방식으로' 잠을 잘 자 주었기 때문에 다 가능했지요. 저도 할 수 있는 것이 그것밖에 없어서 했습니다. 그래서 돌이켜 보면 지금도 눈물이 납니다. 하나님의 은혜라고밖에는 달리 할 말이 없습니다.

## 요동하지 않는 비결

한 고3 학생의 큐티 나눔입니다.

예레미야 본문으로 큐티를 하면서 나의 애굽은 무엇이고, 바벨론은 무엇인지 생각해 보았습니다. 애굽은 '열심히 하면 뭐든지 할 수 있다'는 가치관 같고, 바벨론 포로 생활은 입시에 떨어지는 고난이 아닌가 싶습니다. 그러므로 입시에 떨어져도 그로 인해 하나님을 더 깊이 알고, 하나님의 옳으심을 인정하게 된다면 그보다 더 감사한 일은 없을 것 같아요.

또 한 고3 학생은 최근 아빠가 말씀이 깨달아지는 것 같아 너무 감사하다는 글을 교회 홈페이지에 올렸습니다.

이 아이의 표현에 의하면 자기 아빠는 일명 '바른표' 아빠랍니다. 그래서 우리 아빠는 괜찮다고 생각했는데, 우리들교회에 와서 보니 아빠가 정말 말씀이 안 들리는 사람이라는 걸 알게 됐다는 겁니다. 그런데 이 아빠가 최근 고난을 겪고서 자기 죄를 보기 시작했답니다. 그 후로 많이 달라져서 시간만 나면 아들인 자신에게 성경 말씀도 이야기해 주고, 자기 죄도 구체적으로 나누어 준답니다. 이런 아빠가 멋있게 느껴져서 하루는 '하나님이 나에게 무엇을 원하실까' 묵상했는데, 어떤 때에도 하나님께 찰싹 붙어 있기를 원하신다는 답을 얻었다고 합니다.

우리 아이들의 믿음의 수준이 이렇습니다. 말씀의 위력이 참 대단하지요?

한 청년은 유명 컨설팅 회사에 지원하여 최종 합격했다는 소식을 교회 공동체에 알렸습니다. 면접시험에서 다른 지원자들이 자기 역량을 자랑할 때, 이 청년은 목장에서 하던 대로 자신의 이야기를 솔직히 나누었답니다. 면접관의 여러 질문에도 그동안 들은 말씀대로 공동체의 화합과 질서 순종이 조직 생활에서 가장 중요하다는 걸 강조했죠. 남들과 다른 대답에 의아해하는 면접관들의 표정을 보며 '아, 떨어졌구나' 했는데, 글쎄 떡하니 합격했다는 겁니다. 이 청년은 영적 복에다 육적 복까지 더해 주신 하나님께 감사하다고 고백했습니다. 죄투성이인 자신을 사랑으로 이끌어 주시는 하나님을 생각하면 눈물이 앞을 가린답니다. 아직 믿음이 부족하지만, 악하고 음란한 세상 속에서 혼전순결과 신결혼을 외치며 가고 싶다고 했습니다.

마태복음 7장 25절에서 예수님은 "비가 내리고 창수가 나고 바람이 불어 그 집에 부딪치되 무너지지 아니하나니 이는 주추를 반석 위에 놓은 까닭이요"라고 하십니다. 여기서 '주추'는 기둥 아래 기초로 받쳐 놓은 주춧돌이고, '반석'은 하나님의 말씀을 의미합니다. 다시 말해, 말씀 위에 지은 집만이 요동하지 않는다는 것이죠.

그런데 반석 위에 집을 지었다고 험난한 일이 아예 없는 게 아니지요. 제아무리 튼튼한 반석 위에 집을 지어도 비를 피할 수는 없습니다. 창수도 납니다. 반석 위에 짓든지 모래 위에 짓든지 우리에게는 날마다 피할 수 없는 이런저런 사건이 찾아옵니다. 떨어지고 버려지는 일이 계속해서 일어납니다.

그러므로 우리는 그저 말씀을 듣기만 해서는 안 됩니다. 주님은 '말씀을 듣고 행하는 자'가 반석 위에 집을 지은 지혜로운 자라고 분명히 말씀하셨습니다(마 7:24). 들은 말씀대로 믿고 살고 누리는 순종의 삶을 살아야 한다는 것이지요. 순종이 삶의 기초가 되어야 비가 와도, 창수가 나도, 바람이 불어도 무너지지 않습니다.

제가 30대에 건강하던 남편이 급성 간암으로 하루아침에 간 것은 분명 요동할 일이었습니다. 하지만 그때도 날마다 말씀을 묵상하며 남편의 구원을 위해 순종하고 있었기에 요동하지 않을 수 있었습니다. 말씀을 깊이 파고 적용하면서 그 위에 구원의 집을 지었기에 슬픔과 연민으로 무너지지 않을 수 있었어요.

그렇습니다. 날마다 말씀을 묵상하고 순종하는 사람은 입시에 실패하고 사업에 실패해도 요동하지 않습니다. 그러나 말씀을 대충 듣기만 하고 순종하지 않는 사람, 큐티를 해도 적용하지 않는 사람은 모래 위에 집을 짓는 사람과 같습니다. 그런 사람은 비바람이 불면 단번에 무너질 수밖에 없습니다.

따라서 부모들은 내 자녀를 예수 그리스도의 반석 위에 세우지 않는 것이 자녀에게 독을 주는 것과 같다는 것을 알아야 합니다. '때가 되면 믿겠지' 안일하게 생각해선 안 됩니다. 세상 가치관대로 사는 자녀들은 문제가 생기면 죽음을 생각하고, 문제가 사라지면 쾌락으로 흘러 떠내려 갈 수밖에 없습니다. 아무리 자녀를 일류로 키우면 뭐합니까? 정작 말씀의 가치관이 없으면 비가 내리고 창수가 올 때 한 번에 무너지고 맙니다. 그러므로 어릴 때부터 말씀 공동체에 꼭 붙어 가는 것이 중요합니다. 부모들은 아이들을 주일학교에 보내고, 가정에서 함께 큐티하는 것을 결코 우습게 여기면 안 됩니다. 무엇보다 부모가 자녀에게 먼저 말씀대로 믿고 살고 누리는 모습을 보여 주어야 합니다. 그리할 때 이삭을 만나 주신 하나님이 우리 자녀들도 반드시 만나 주실 줄 믿습니다.

이삭이 비록 연약해도 '그 땅'에 붙어 있었더니 하나님이 거부가 되게 하셨다고 했습니다(창 26:12~13). 말씀에 순종하여 애굽에 가지 않았더니 복을 내려 주신 겁니다. 그러나 단지 예수 믿으면 물질의 복을 받는다는 걸 보여 주시려고 이삭에게 백 배의 복을 허락하신 것이 아닙니다.

하나님은 제게도 육적인 복을 주셔서, 저의 힘으로는 죽었다가 깨어나도 입학할 수 없는 일류 대학에 붙여 주셨습니다. 하지만 제게 진짜 복인 영적 복을 주셔야 했기에,

힘든 결혼생활이라는 절박한 문제, 파도 파도 끝나지 않을 것 같은 문제로 광야를 지나게 하셨습니다.

돌아보면 제가 감당할 만해서, 또 제게 복음이 능력이 되게 하시려고 허락하신 시험이었습니다. 내 힘으로 안 되는 일이 있다는 것을 그때 알았습니다. 그래서 제가 사명의 사람이 되었습니다. 하나님이 결혼생활을 통해 제 한계를 보여 주셔서 제 지경이 이렇게나 넓어진 것입니다. 그러니 이 얼마나 고난이 축복입니까!

. . .

지금 당장 길이 막혔다고,
떨어졌다고 낙망하고 낙심하지 마세요.
오히려 흉년의 때야말로
하나님을 만나기 가장 좋은 때입니다.
떨어지면 떨어질수록 그 가운데 역사하시는
하나님 나라를 바라보시기 바랍니다.

. . .

# Question & Think

흉년의 때야말로 하나님을 만나기 가장 좋은 때입니다

Q. 지금 나는 어떤 흉년 가운데 있습니까? 입시 흉년, 실직 흉년, 건강 흉년, 부모 흉년, 자식 흉년, 물질 흉년…… 떨어지고 떨어지는 이 흉년의 때야말로 하나님을 만나기 가장 좋은 때인 것이 깨달아지나요? 흉년을 통해 보게 된 나의 남은 것은 무엇입니까?

.................................................................................

.................................................................................

떨어지는 게 인생의 끝은 아닙니다

Q. 내가 바라는 대로 이루지 못한 것은 무엇입니까? 그래서 자포자기하는 심정으로 살고 있지는 않습니까? 몸도 마음도 하나님을 떠나 있지는 않으세요? 떨어지는 사건을 통해 하나님이 더하여 주신 은혜는 무엇인가요?

.................................................................................

.................................................................................

.................................................................................

떨어질수록 올라감의 은혜를 누려야 합니다

Q. 누구보다 열심히 했는데도 떨어지고 또 떨어진 일은 무엇입니까? 그럴수록 더욱 간절한 마음으로 예배드리며 기도하고 큐티합니까? 여전히 떨어질까 봐 두렵습니까? 부족해도 하나님만 붙들 때 복을 주시고 번성하게 하실 것을 믿습니까?

......................................................................................

......................................................................................

......................................................................................

......................................................................................

......................................................................................

떨어져도 하나님께만 잘 붙어 있으면 요동하지 않게 됩니다

Q. 하나님께 잘 붙어 있기 위해 말씀에 순종해서 내쫓아야 할 나의 세상 가치관은 무엇입니까? 지금 나는 무엇 때문에 요동합니까? 시험에 떨어진 것, 성적이 떨어진 것, 승진에서 떨어진 것, 아파트 청약에 떨어진 것, 돈이 떨어진 것 등 무엇인가요?

......................................................................................

......................................................................................

......................................................................................

## 우리들 묵상과 적용 🙏

저는 모태신앙인으로 어릴 때부터 교회에 다녔지만, 예배와 말씀엔 도통 관심이 없었습니다. 그러다 아버지의 건강에 문제가 생기면서 부모님이 맞벌이를 시작하셨습니다. 저는 그 핑계로 게임과 음란물에 빠져 방황했습니다. 그러나 하나님은 이런 저를 포기하지 않고, 큐티와 양육을 통해 인격적으로 만나 주셨습니다. 그러자 살면서 처음으로 교회 가는 게 즐겁고 제 안에 감사와 기쁨이 넘쳤습니다. 하지만 평소 강박증을 앓고 있던 저는 신앙생활도 점점 강박적으로 하기 시작했습니다. 온종일 큐티 책만 들여다보며 일상을 제대로 살지 못했고, 늘 두려운 마음으로 말씀을 봤습니다. 교회를 오래 다녔어도 주변의 시선이 두려워 공동체에 이런 제 이야기를 편히 나누지도 못했습니다.

그런데 한계상황에 다다르자 너무 힘들어서 주일학교 선생님에게 제 고민을 털어놓았습니다. 선생님은 제 이야기를 잘 들어 주면서 여러 조언을 해 주셨습니다. 그 후 목사님과 선생님들의 심방을 받고, 공동체에서 제 이야기를 나누는 것이 전보다 편해졌습니다. 그러다 보니 어느새 제 안의 두려움과 강박이 사라지고 마음이 평안해졌습니다.

하나님은 "여호와는 너를 지키시는 이시라 여호와께서 네 오른쪽에서 네 그늘이 되시나니"(시 121:5)라는 말씀으로 저를 위로해 주셨습니다. 또 입시에 대한 스트레스로 불평할 때는 "내 사랑하는 형제들아 너희가 알지니 사람마다 듣기는 속히 하고 말하기는 더디 하며 성내기도 더디 하라"(약 1:19)는 말씀으로 제 불평을 그치게 해 주셨습니다.

저는 그동안 강박으로 학생의 때를 잘 지내지 못하고 가족을 힘들게 한 죄가 인정되어 회개하였습니다. 이후 회개의 적용으로 제게 남은 것에 감사하며 수시 준비에 최선을 다했지만, 수시 전형 두 곳에서 떨어졌습니다. 하지만 남은 입시 기간도 하루하루 말씀 붙들고 잘 지내라고 하나님이 허락하신 뜻으로 해석되니 오히려 감사했습니다. 저를 오래 참아 주시고, 저의 연약함과 아픔을 솔직히 나눌 수 있는 공동체를 허락하신 하나님, 감사하고 사랑합니다.

둘째,
# 떨어진 나를
# 하나님이 주목하십니다

## 머릿돌의 영성

시편 기자는 "건축자가 버린 돌이 집 모퉁이의 머릿돌이 되었나니 이는 여호와께서 행하신 것이요 우리 눈에 기이한 바로다"(시 118:22~23)라고 했습니다. 예수님도 이 말씀을 인용하셨죠(마 21:42). 비록 초석(주춧돌)은 아니지만, 머릿돌은 건축자의 이름이 새겨지는 마지막 완성품입니다. 그러나 예수님은 이 머릿돌이 되기 전에 버려지셔야 했습니다.

우리들교회 청년부의 한 형제가 교회 홈페이지에 글 하나를 올렸습니다. 회사의 한 프로젝트를 맡아서 98% 가까이 완수했는데 갑자기 다른 부서로 발령이 났다는 겁니다. 형제는 거의 완성된 일을 동료에게 인계하면서 '왜 내게 이런 날벼락이 떨어졌을까?' 생각했습니다. 그런데 얼마 지나지 않아 이 청년의 프로젝트를 인계받은 동료가 그 일로 회장 표창을 받았다는 겁니다. 여러분이라면 너무 분하고 억울하지 않겠습니까.

그런데 날마다 큐티하며 꾸준히 말씀을 묵상해 온 형제이기에 실족할 위기에서도 오히려 살아났습니다. 형제는 진정한 그리스도인이라면 남이 보든지 보지 않든지 성실해야 한다고 생각했답니다. 그래서 여전한 방식으로 주어진 일에 충실했습니다. 그랬더니 이를 지켜보고 있던 한 상사가 중요한 프로젝트에 자신을 추천했다고 합니다.

그렇습니다. 자신을 내세우지 않고 묵묵히 사명을 다하는 자를 세상 사람들도 다 지켜보고 있습니다. 하물며 하나님이 모르실 것 같습니까? 다 아십니다. 그러므로 어떤 절망적인 상황에 떨어져도 그래요. 여전한 방식으로 주어진 자리에서 최선을 다하고 인내하는 것이야말로 하늘 상급을 바라고 가는 우리가 할 일입니다.

출애굽기 38장 1절에 보면 보잘것없는 조각목으로 모

든 사람이 회개할 수 있는 번제단을 만듭니다. 조각목은 굴러다니는 나무입니다. 대들보에 비하면 너무나 형편없어 보이는 자투리에 불과하죠. 하지만 하나님은 그 조각목으로 번제단을 만들어 사람들이 거기서 다 회개하도록 하셨습니다. 또 8절에 보면 회막 문에서 수종 드는 여인들의 놋거울로 물두멍을 만듭니다. 무시받는 여종들이 쓰던 놋거울로 제사장들이 쓰는 물두멍을 만든 것이죠.

저도 버려진 돌같이 살던 때가 있었어요. 제가 예수님을 믿고 처음으로 전도하고 집에 돌아왔는데, 그날 남편이 "어딜 그렇게 쏘다니는 거야!"라고 야단을 쳤습니다. 기껏 전도하고 와서 그런 소리나 들으니 '내가 전도는 왜 해서 이런 야단을 맞지? 예수를 안 믿었으면 전도도 하지 않았을 텐데……'라고 생각했죠. 또 부부 싸움을 할 때마다 '내가 큐티 모임만 없으면 당장 이혼할 텐데……. 올해까지만 모임 하고 내년엔 이혼해야지' 이런 생각을 한 적도 있습니다. 이렇게 하나님은 제가 버려진 돌이 되게 하시고, 때마다 아니꼽고 더럽고 매스껍고 치사하고 유치한 감정을 겪게 하셨습니다. 제가 너무 교만하니까 그렇게 낮추신 것이지요. 그런데 하나님은 제가 전도한 사람 두세 명이 열 명이 되고, 또 그 열 명이 백 명이 되고, 백 명이 천 명이 되고, 천 명이 만 명, 만 명이 이만 명이 되게 역사하셨습니다.

지나고 나서 보니 하나님의 때는 한 치의 오차도 없이 정확했습니다. 하지만 한창 고난을 겪을 때는 그것이 잘 인정되지 않죠. 앞서 소개한 청년이나 저나 처음에는 버려진 돌에 불과했습니다. 그러나 하나님은 무엇이든 잘되는 모델이 아니라 안돼도 기뻐하고 감사하는 모델로 저와 그 청년을 세우셨습니다. 그리고 그것이야말로 진짜 하나님을 증거하는 일이기도 합니다. 시험에 떨어지고 승진에서 누락해도 여전한 방식으로 기쁘고 성실하게 일하는 모습을 보일 때 그로 인해 복음이 전파되기 때문입니다.

그런데 여러분, 내가 복음을 전한다고 식구들이 무조건 잘 받아들입니까? 직장 동료들이 예수님을 다 잘 믿습니까? 친구가 주님을 선뜻 영접합니까? 영성 훈련이란 변하지 않는 타인과 환경 때문에 내가 변화되는 과정입니다. 어디 가서 소나무를 뿌리째 뽑으며 기도하는 게 영성이 아닙니다. 나의 삶이 하나님의 말씀과 맞아떨어지는 것이 영성입니다. 이해도 용납도 안 되는 일이 말씀으로 해석되어 변하지 않는 사람과 환경을 하나님의 훈련으로 받는 것, 결국 그 훈련을 통해 내가 변화되는 것이 '먼저 버려지는 머릿돌의 영성'입니다.

우스갯소리로 고3 수험생을 둔 부모는 행여 부정이라도 탈까 봐 자녀 앞에서 '떨어지다'에 '떨' 자도 꺼내지 않는다고 하지요. 그러니 제가 '떨어지면 감사하라'고 하면 수험생이나 그 부모들이 이 말을 어떻게 이해할 수 있을까요? 학벌, 지위, 체면에 죽고 사는 이 세대는 결코 이해할 수 없는 말이지요.

하지만 믿음의 사람은 대학에 떨어져도, 부모가 다투어도, 왕따를 당해도 감사할 줄 압니다. 그 고난을 통해 하나님만 바라보고, 하나님께 더욱 가까이 나아가기 때문이죠. 그러니 감사가 마음에서 절로 우러나옵니다. 그뿐만이 아닙니다. 하나님의 양육을 잘 받은 사람은 인내도 잘합니다. 대학에 떨어져도 잘 기다리고, 승진에서 탈락해도 잘 기다립니다. 우리가 돌처럼 버려진 시간을 잘 인내하고 기다리면 반드시 하나님이 나를 머릿돌로 세워 주실 날이 옵니다.

## 떨어져도 감사

십여 년 전에 거창하게 개업 예배를 드리고 장사를 시작하신 한 집사님이 있었습니다. 그런데 장사가 잘되니 이분이 그때부터 교회에 잘 나오지 않았습니다. 그래서 제가 물었죠. "집사님, 함께 개업 예배까지 드렸는데 어찌 교회를 안 나오세요?" 그러자 그분이 "이렇게 바쁜데 어떻게 교회에 갑니까!"라고 하더군요. 그리고 얼마 지나지 않아 가게에 손님이 끊겨 매상이 곤두박질쳤다는 이야기를 들었습니다. 그런데도 교회에 안 나오시길래 또다시 집사님에게 이유를 물었죠. 그랬더니 "장사가 안 되는데 어떻게 교회에 갑니까? 한 손님이라도 더 받아야지요"라고 했습니다.

여러분, '잘되면 축복, 안되면 저주'가 아닙니다. 주님을 따르지 않으면 잘되거나 안되거나 평생 장사의 노예, 돈의 노예, 성공의 노예로 살 수밖에 없습니다. 우리가 개업 예배를 잘 드려서 그 덕분에 돈도 잘 벌고 주님도 따를 수 있다면 얼마나 좋겠습니까? 하지만 그것은 거의 불가능한 일입니다. 장사가 잘될 때는 '일어나 주님을 따르니라'가 잘 안 됩니다. 인생이 풍요로워지면 하나님과는 그만큼 더 멀어지기 마련입니다. 그러니 장사가 잘되면 뭐합니까. 주님을 따르지 않는 인생은 어떤 모양이든 의미가 없습니다.

그런데 마태복음의 저자 마태는 주님을 따르기 위해 세리라는 직업을 내려놓았습니다. 예수님을 자기 집에 모시고, 음식을 차리고 친구들을 불렀으니 일종의 '폐업 예배'를 드린 셈입니다(마 9:9~10).

우리들교회의 한 집사님도 그랬습니다. 그동안 장사 때문에 예배에 빠지는 일이 많았는데, 폐업하면서 본격적으로 주님을 따르게 됐다고 하며 교회에 떡을 돌렸습니다. 망하고 나서 주님을 따르게 된 것이 감사해서 폐업 예배를 드린 것이죠. 다음은 그분의 간증입니다.

저는 몇 년 전에 아내와 함께 의류 제작, 수선, 리폼을 하는 가게를 차렸습니다. 가게는 승승장구했고 인터넷에서도 유명해졌습니다. 하지만 세상 성공은 그리 오래가지 못했습니다. 교회에 다니면서도 여전히 술과 친구들을 좋아했기 때문입니다. 그런 와중에 아내가 수술을 받게 되었습니다. 목장에서는 아내의 건강을 생각하여 제게 폐업을 권했습니다. 그제야 저는 제 죄를 인정하며 아내의 육적, 심적, 영적 건강을 위해 폐업 예배를 드리기로 결단했습니다. 그런데 이 과정을 거치며 모든 일을 하나님이 예비하셨음을 깨닫게 되었습니다. 특히 제게 중요한 것은 돈과 직업이 아닌 하나님이 주신 돕는 배필인 '아내'라는 것을 절실히 느낄 수 있었습니다.

이 집사님은 새로운 일을 허락해 주시기를 기도했고, 그 응답으로 한 백화점의 야간 감독 자리를 소개받았습니다. 열심히 일해 빚도 다 갚고, 임대 아파트에도 당첨되어 아내와 월세 걱정 없이 살 수 있게 되었습니다. 폐업을 결단하기까지 참 많은 일이 있었지만, 아내를 위해 죽어지는 적용을 하며 폐업 예배를 드리니 하나님의 살리심을 경험하게 된 것이죠.

또 가수인 한 자매는 방송국에서 주최하는 유명 트로트 경연 프로그램에서 떨어졌지만, 그 과정을 통해 자신의 찬양 앨범이 널리 알려져서 감사했다며 이렇게 간증했습니다.

코로나19가 한창일 때였어요. 제가 출연하던 뮤지컬이 일찍 종연되면서 집에 있는 시간이 길어졌어요. 그런데 <내일은 미스트롯1> 방송을 본 주변의 집사님들이 저더러 오디션 프로그램에 왜 나가지 않느냐고 물으셨어요. 그래서 <내일은 미스트롯2> 참가 신청을 하고 정통 트로트 곡으로 오디션을 준비했죠. 저는 100명을 뽑는 예선을 통과하기 전까지만 해도 제가 방송에서 찬양을 부르리라곤 상상조차 하지 못했어요. 그런데 과거에 발표한 트로트 찬양 앨범에 관심을 보인 제작진들의 권유로 "말씀, 기도, 성령으로 척척 채우라"는 메시지를 담은 <척척척>을 부르게 되었습니다. 그러자 '이게 다 하나님의 뜻'이란 생각이 들었죠. 그래서 '강하고 담대하게 부를 수 있게 해 주세요' 기도하고 무대에 올라갔어요.

하지만 무대 울렁증이 있던 저는 전주가 나오는데도 계속 떨었답니다. 순간 '아, 망했다'라고 생각했죠. 그런데 첫 소절을 부르는 순간 뽀얀 깃털이 저를 감싸듯 포근한 느낌과 함께 하나도 떨리지 않고 오히려 힘이 나는 거예요. 결과는 '탈락'이었지만요. 이후 그렇게 녹화를 끝내고 집에 돌아와서는 속상해서 몇 날 며칠을 울었어요. 그러면서 '하나님, 저를 떨어뜨리시려고 <척척척>을 부르게 하신 거예요? 왜 찬양을 부르게 해서 제 앞길을 막으세요' 하며 하나님을 원망했답니다.

제가 다니는 교회에 유명한 트로트 작곡가님이 계세요. 그런데 그분이 제게 "자매가 정통 트로트를 불렀으면 본선에 갔을까요? 거기까지가 자매님의 사명이에요. 이제는 자매가 부른 <척척척>이 편집되지 않고 방송에 나오도록 기도했으면 좋겠어요" 하시는 거예요. 그런데 며칠 후 정말 제가 그 찬양을 하는 장면이 조금도 편집되지 않고 그대로 방송에 나오는 게 아니겠어요? 수년 전에 발매된 곡인데도 말이에요. 시청률도 높은 TV 프로그램을 통해 이 노래를 드러내신 데에는 다 이유가 있겠구나 싶더라고요. 그러니 '붙으면 회개, 떨어지면 감사'라는 말씀처럼, 떨어져도 '하나님, 감사합니다'라는 고백이 나왔습니다.

그렇습니다. '붙회떨감'은 그저 입시를 앞둔 청소년들만 적용해야 할 말씀이 아닙니다. 누구라도 적용해야 할 말씀입니다. 우리가 떨어지고, 떨어져도 감사하면 이 자매처럼 자다가도 떡이 생길 줄 믿습니다.

다음은 외고 입시에 도전했다가 떨어진 한 학생의 고백입니다.

하나님, 외고에 떨어져서 감사합니다.

늘 듣던 목사님 말씀처럼 제 인생에 새로운 기회를 주시니 감사합니다.

공부 못하는 친구들을 무시했던 죄를 돌아보게 하시니 감사합니다.

앞으로 수요예배에 나가겠다고 다짐하게 되어서 감사합니다.

저의 부족함과 나태함을 제대로 인정하게 해 주셔서 감사합니다.

매일 아침 큐티에 매달리게 해 주셔서 감사합니다.

저처럼 불합격한 친구들을 체휼하게 되어서 감사합니다.

학교에서 교만하던 모습을 버리고 낮아지게 해 주셔서 감사합니다.

내 노력이 아니라 하나님의 은혜로 이끌려 가는 진정한 형통의 의미를 깨닫게 해 주셔서 감사합니다.

주위에 나를 위로하고 이끌어 주는 선생님, 부모님, 친구들이 있다는 걸 깨닫게 하시니 감사합니다.

원하는 학교에 떨어져도 감당할 수 있을 만큼 저의 우울증과 강박이 회복되었다는 것을 알았습니다. 감사합니다.

하나님을 더욱더 붙잡으며 하루하루를 보내게 해 주셔서 감사합니다.


한 번 떨어졌는데 열 가지가 넘는 감사 제목이 나왔습니다. 여러분의 인생은 지금 어떻습니까?

붙고 합격하고 성공했습니까? 그렇다면 교만하거나 나태해지지 않도록 회개해야 합니다. 아니면 떨어지고 거절당하고 실패했습니까? 그럴수록 하나님을 붙잡아야 합니다. "떨어져서 내가 더욱 하나님을 붙잡게 되었다" 고백하며 감사해야 합니다.

붙으면 회개하고, 떨어지면 감사하는 것이야말로 나에게 주어진 사명이고, 하나님의 구속사입니다.

## 택한 자는 염려할 것이 없다

큐티를 열심히 하던 한 집사님이 있었습니다. 하루는 '오늘은 동창 모임에서 꼭 전도하리라' 마음먹고 보무당당하게 나갔는데, 한 친구가 좋은 집에 좋은 차에 명문대에 간 자녀들 자랑을 늘어놓더랍니다. 자기는 고물차 타고 다니는 것도 감지덕지하는데, 그 이야기를 듣는 순간 주눅이 들어서 복음 전하는 것도 다 잊어버리고 왔답니다.

이처럼 세상은 자신의 부와 명예를 자랑합니다. 하지만 성경은 오히려 택한 자의 약점을 그대로 보여 줍니다. "이는 내가 약한 그 때에 강함이라"(고후 12:10)는 바울의 고백처럼, 하나님은 우리의 약점을 통해 일하시기 때문입니다. 그러므로 능력 있는 부모가, 잘나가는 배우자가, 공부 잘하는 자녀가 내게 복을 주는 게 아닙니다. 여호와께서 복을 주시기에 택한 자는 연약해도 떨어져도 염려할 것이 없는 것입니다.

하지만 우리는 말씀을 들어도 여전히 가치관이 바뀌지 않으니 늘 화려한 옷과 차와 집에 눈이 가려집니다. 많이 배웠든 못 배웠든 소유가 넉넉하든 그렇지 못하든 하나님을 모르고, 하나님을 떠난 인생이 가장 불쌍한 인생입니다.

한 집사님이 SNS 목장 대화방에 이런 글을 올렸습니다.

할렐루야! 감사하게도 우리 아들이 ○○대학교에 불합격했습니다. 이 일도 하나님이 주신 것이기에 속되다 하지 않고 감사함으로 받을 수 있어 감사합니다. 아들은 떨어지면 하나님께 엄청 화낼 거라고 하더니, 막상 떨어지니까 담담히 결과를 받아들였습니다. 수시 시험이 끝나면 푹 쉬고 싶었다면서도 곧바로 버스를 타고 고등부 수련회가 열리고 있는 원주로 떠났습니다. 하나님 앞에 가서 실컷 울고 싶다면서 말이죠.

어떻습니까? 이분의 아들이 대학에 떨어지고 나니 곤고함이 생겼습니다. 그래서 하나님 앞에 가서 실컷 울고 싶다면서 자기 의지로 교회 수련회에도 갔습니다. 시험을 감당할 믿음이 있는 모습 아닙니까? 그러자 집사님 아들에게 어떤 일이 일어난 줄 아세요? 두 달 후에 집사님이 또다시 SNS 목장 대화방에 이런 글을 올렸습니다.

할렐루야! 우리 아들이 △△대학교에 최종 합격했습니다. 그래서 제가 아들에게 이렇게 말했습니다. "너, 목사님 말씀처럼 회개해야 해! 네가 얼마나 믿음이 연약하면 하나님이 붙여 주셨겠니?"

내 자녀가 말씀 없이 살다가 대학 입시든 취업 시험이든 단번에 붙었다고 칩시다. 그러면 제 발로 교회 수련회에 가겠습니까? 그 시간에 친구들이랑 룰루랄라 놀러나 가겠지요. 아무에게나 까닭 없이 이 고난, 저 고난을 주시는 하나님이 아니세요. 그만한 믿음의 분량이 되는 줄 알고 떨어지는 시련을 허락하신 것입니다.

반면에 단번에 대학 입시에 척 붙은 사람은 떨어지는 시련을 감당할 수 없으니까, 즉 믿음의 분량이 그 정도에 못 미치니까 붙여 주신 것입니다. 그러므로 "왜 나만 이렇게 대학에 떨어지나, 왜 나한테만 이런 고난을 주시나, 왜 나만 어렵고 힘들게 살아야 하나" 그만 불평하시기 바랍니다. 하나님이 내 믿음의 분량에 따라 오죽이나 알맞게 고난을 주셨겠습니까.

최고의 고난이라고 할 수 있는 순교의 상(賞)도 그렇습니다. 아무에게나 주시는 게 아닙니다. 순교는 내 힘으로 할 수 없습니다. 하나님이 힘을 주시니까, 불구덩이에 들어가도 뜨겁지 않게 해 주시니까 할 수 있는 것이죠. 그러므로 순교자는 죽음 앞에서도 담대합니다. 죽는 순간에도 천국을 누립니다.

한 집사님이 오랫동안 제 설교를 듣고 말씀을 묵상했는데도, 아이가 대학에 떨어지고 보니 사람들이 왜 제 설교를 힘들어하는지, 왜 저를 미워하는지 알겠더랍니다. 말씀대로 적용하는 것이 얼마나 힘든지 이제야 알았다면서 자기 믿음의 현주소를 보았다고 했습니다.

하나님은 때때로 우리 눈에 기뻐하는 것을 쳐서 빼앗아 가십니다.

저는 학생의 때, 며느리의 때, 아내의 때를 거치며 제가 기뻐하는 것을 하나님이 쳐서 빼앗으시는 것을 시기마다 경험했습니다.

어릴 때부터 힘들게 살았으니 남들이 평범하게 누리는 것들을 빼앗으셨습니다. 또 결혼해서는 고된 시집살이를 겪게 하심으로 제가 애써서 쌓아 놓은 모든 학벌, 경력을 빼앗으셨습니다. 무엇보다 하루아침에 남편을 빼앗으셨습니다. 그러나 제가 기뻐하는 것들을 이렇게 하나씩 빼앗지 않으셨다면 아마도 지금처럼 '표징의 인생'(겔 24:27)을 살 수 없었을 것입니다.

그러니 빼앗기고 떨어지는 고난이 얼마나 축복인지 모릅니다. 시험에서 떨어지든 돈이 떨어지든 떨어지는 것이야말로 인생 최고의 선물이 맞습니다. 떨어져 보지 않고는 인생을 논할 수가 없기 때문입니다.


## 진짜 실패한 인생

주의 일은 교회나 선교지에서만 하는 것이 아닙니다. 가정도 학교도, 직장도 엄연히 우리의 사역지입니다. 그러므로 우리는 하나님이 부르신 그곳에서 구원을 위해 한 영혼을 섬겨야 합니다.

나의 학업, 나의 직업은 다른 이들을 구원으로 인도하

고 그들의 삶을 윤택하게 하는 하나님의 도구가 되어야 합니다. 공장에서 물건을 만드는 사람은 값싸고 튼튼하게 물건을 잘 만들어서 사람들의 생활을 윤택하게 합니다. 식당을 하는 사람은 맛있고 영양 많은 음식을 만들어서 다른 사람의 삶을 건강하게 합니다. 또 전화 받는 업무를 하는 사람은 친절하게 응대해서 다른 사람의 마음을 따뜻하게 합니다.

이처럼 성도들이 삶의 현장에서 감당하는 일은 목회자가 강단에서 설교하는 일 못지않게 중요합니다. 정성스럽고 성실하게 최선을 다해 내게 주어진 업무를 하는 것은 아프리카 선교 못지않은 십자가입니다. 내 역할에 충성하는 것이야말로 사람을 살리는 영의 직분을 감당하는 것입니다. 하지만 제아무리 좋은 학벌과 많은 돈, 큰 명성을 얻어도 정작 구원받지 못하면, 그래서 그것으로 사람을 살리지 못하면 실패한 인생입니다.

저는 제 아들을 큐티하게 하려고 학생 큐티 모임을 시작했습니다. 아들이 혼자서는 큐티를 안 하니까 친구들이 집에 오면 방에서 나오지 않을까 했죠.

하지만 아들은 첫날에는 양심상 참석하더니 둘째 날부터는 친구가 아무리 불러도 자느라 방에서 나오지 않았어요. 그래서 아들 친구들만 데리고 큐티 모임을 했습니다. 그 애들은 제 말씀에 은혜를 받고 눈물, 콧물을 다 흘렸습니다. 그럴수록 저는 아들 방문만 쳐다보며 잠결에라도 들으라고 소리를 질러 가며 간절히 말씀을 전했습니다. 그때 제 마음이 얼마나 안타까웠는지 몰라요.

그러다 아들이 군 생활 중에 주님을 만나고, 지금은 목사로 주의 사명을 감당하고 있으니 이 또한 은혜가 아닐 수 없습니다.

누가 인정을 하든 안 하든 그 일이 누군가를 구원으로 인도하는 통로가 될 때 하나님이 보시기에 가장 영광스러운 일이 됩니다. 힘들게 직장 생활을 하면서 '내가 이 월급을 받고 무슨 고생인가, 내 인생은 여기서 끝인가?' 이런 생각이 들 수 있지요.

그러나 내가 하는 일이 생명을 살리고, 생명을 확장시키고, 생명을 부요케 하는 일이라면 나의 직업은 영광스러운 직분입니다.

집에서 설거지와 청소만 하고 있어도 가족의 생명과 생활이 내 손에 달렸다는 사실을 생각한다면 이야말로 가장 영광스러운 직분인 것입니다.

하나님은 우리가 아직 쓰임받기에 합당하지 않으니까 여기저기 두드리고 깎고 다듬어서 쓰시려고 우리에게 고난을 주십니다.

그러니 고난이 오면 빨리 정신 차리고 "주를 위해 충성된 증인이 되겠습니다", "내가 처한 상황이 어떠하든지 주님만 위해 살겠습니다"라고 고백하는 것이 상책입니다. 어떤 때에도 주님 뜻대로 살겠다고 마음먹으면 내 삶에 구원의 열매가 맺히기 마련입니다.

그런데 이런 결심을 자발적으로 하는 사람을 보기가 참 어렵죠. 그래서 하나님이 우리의 고난을 끝내실 수가 없는 겁니다.

우리가 시험에 떨어지고, 실연을 당하고, 실직을 해도 그래요. 마냥 슬퍼할 일만은 아닙니다. 그럴 때는 분연히 일어서야 합니다. 떨어진 나의 고난을 약재료 삼아 사람 살리는 사명을 감당해야 합니다.

떨어질수록 주님 앞에 납작 엎드려서 "내가 여기서 죽어지고 썩어지고 밀알이 되어 사명을 감당하겠습니다", "내 고난을 말씀으로 반짝반짝 닦아서 다른 사람을 위해 쓰겠습니다"라고 결단해야 합니다.

떨어지는 고난을 하나님께 전적으로 맡길 때 주님이 내 고난을 반드시 쓰십니다. 그리하면 내 비록 지질한 삶을 살아도 숱한 사람들이 그런 나를 보고 주께 돌아오게 될 것입니다.

. . .

하나님은 무엇이든 잘되는 모델이 아니라
안돼도 기뻐하고 감사하는 모델로
저를 세우셨습니다.
그리고 그것이야말로 진짜 하나님을 증거하는 일이기도 합니다.
시험에 떨어지고 승진에서 누락해도
여전한 방식으로 기쁘고 성실하게 일하는 모습을 보일 때
그로 인해 복음이 전파되기 때문입니다.

. . .

## Question & Think

머릿돌이 되려면 먼저 버려져야 합니다

Q. 버려진 돌처럼 나도 버림받은 적이 있습니까? 버려진 시간을 잘 기다리면 반드시 하나님이 나를 머릿돌로 세워 주실 것을 믿습니까? 나는 무엇이든 잘되는 모델인가요, 안돼도 기뻐하고 감사하는 모델인가요?

...................................................................................

...................................................................................

...................................................................................

떨어져도 감사한 마음을 가지면 자다가도 떡이 생깁니다

Q. 시험에 떨어지고, 승진에 떨어지고, 돈이 떨어져도 내가 감사해야 할 것은 무엇입니까? 떨어져도 감사했더니 자다가도 떡이 생긴 적이 있나요?

...................................................................................

...................................................................................

...................................................................................

...................................................................................

그러므로 택한 자는 떨어져도 염려할 것이 없습니다

Q. 내가 떨어질까 봐 염려하는 것은 무엇입니까? 말씀을 들어도 여전히 바뀌지 않는 가치관은 무엇입니까? 성적과 학벌, 돈과 옷과 차와 집에 눈이 가려져 있지는 않으세요? 내가 육적으로 기뻐하는 것은 무엇입니까? 하나님이 그것을 쳐서 빼앗아 가신 적이 있나요?

.............................................................................................

.............................................................................................

.............................................................................................

.............................................................................................

세상 성공을 거두어도 구원받지 못하면 실패한 인생입니다

Q. 오늘 내가 구원을 위해 한 발 더 내디뎌야 할 선교지는 어디입니까? 다른 이들의 삶을 윤택하게 하는 하나님의 도구가 되어 내 가정, 내 학교, 내 직장에서 가족과 이웃을 잘 섬기고 있습니까?

.............................................................................................

.............................................................................................

.............................................................................................

## 우리들 묵상과 적용 🙏

저는 모태신앙인으로 태어났지만 말씀을 몰라 교만하게 살았습니다. 그저 사람들이 주는 관심이 좋아 착하고 밝은 척 저 자신을 포장하면서도 정작 제 속은 썩어 가는 줄도 몰랐습니다. 중학교에 들어가면서 인간관계든 공부든 모든 걸 다 잘 해내야 한다는 강박이 생겼습니다. 한번은 오케스트라 동아리에 들어갔는데, 선배들의 관심을 얻기 위해 매일 몇 시간씩 트럼펫 연습을 하고, 예뻐 보이고 싶은 마음에 체중도 10kg이나 뺐습니다. 그러다 저는 평생을 함께할 줄 알았던 친구에게 배신을 당했습니다. 사람은 믿음의 대상이 아니라는 것을 뼈저리게 느끼고 하나님을 찾았지만 잠시뿐이었고, 이후로도 하나님보다 사람을 더 의지했습니다.

고등학교에 올라와서 성적은 점점 떨어지고 제 마음대로 되는 일이 없자 우울과 무기력이 올라와 정신과 약을 먹게 되었습니다. 그런데 외모 중독인 제가 약 부작용으로 살이 찌고 여드름까지 생기자 더 우울해졌습니다. 급기야 고3 초반에 공황장애까지 걸렸습니다. 저는 아프다는 핑계로 수업 시간에 잠을 자거나 수업에 빠지고 놀러 다녔습니다. 그런데 어느 순간 이러다가는 대학에 못 갈 것 같다는 두려움이 몰려와 연기학원을 다니며 입시를 준비했습니다. 그러면서 주변 사람들의 말은 무시한 채 제 욕심으로 최상위권 대학에만 수시 원서를 넣었습니다. 결과는 모두 불합격이었습니다. 그러자 '교회도 안 빠지고 큐티도 열심히 했는데 어떻게 저를 떨어뜨리실 수 있어요!' 하며 하나님을 원망했습니다.

그런데 모세가 아름다운 땅에 들어가기를 간구한 것을 하나님이 거절하시는(신 3:23~26) 말씀을 묵상하다가 어리석고 교만한 제 모습을 직면하게 되었습니다. 하나님이 허락하셔야 대학도 들어가는 것인데, 하나님보다 대학을 더 사랑하고, 내 힘을 의지한 것을 알게 된 것입니다. 그러자 대학에 떨어진 것이 나를 멸망하지 않게 하시려는 주님의 사랑임이 깨달아졌습니다. 좋은 대학에 들어가는 것을 주님의 응답이라 여기고 혼자 기대하고 좌절했던 것을 회개합니다. 더뎌 보여도 하나님의 때에 가장 알맞은 방법으로 주의 약속을 반드시 이루어 주신다는 것을 믿고, 주어진 일상을 잘 살아 내겠습니다.

셋째,

# 기복이 아니라
# 팔복입니다

## 떨어진 이야기를 계속 들어야 하는 이유

새해를 맞을 때마다 여기저기에서 "복 많이 받으세요!" 인
사를 나눕니다. 어떤 분은 복권의 '복(福)' 자만 봐도 기분
이 좋다고 하더군요. 왜 그럴까요? 그 복 뒤에 '돈'이 있기
때문입니다. 복권도 다 돈이고, 공부와 사업과 결혼도 잘
하려고 하는 끝에는 다 돈이 있습니다. 예수를 믿어도 돈
이 잘 벌려야 복을 받았다고 여기죠. 그래서 교회에서도
복받는다고 설교하면 사람들이 바글바글합니다. 그러나
고난 이야기를 하면 성도가 반으로 줄어든다고 합니다. 남
의 이야기가 아닙니다.

제 설교가 교회 홈페이지에 게시되는데 설교 제목이 '복받는 비결' 이러면 조회수가 폭발적으로 늘어납니다. 이와는 달리 제가 설교 때마다 '고난이 축복이다!'라고 외치면 듣기 힘들어하는 분들이 있습니다. 웬만해서는 예배 중간에 안 나갈 텐데 설교를 듣다가 분해서 뛰쳐나가는 분도 더러 보았습니다. 고난과 죄를 고백하는 간증을 들으면 지겹다고 하는 분도 있습니다.

하지만 복음은 세상의 고정관념을 깨는 말씀입니다. "예수 믿으면 잘된다, 기도하면 복받는다"는 것이 아니라, '장차 받을 환난'을 미리 전하는 것이 복음입니다(살전 3:4). 그러므로 우리도 이 땅에서 붙는 이야기보다 떨어지는 이야기를 더 많이 들어야 합니다.

앞에서도 이야기했지만, 저는 오랫동안 재수생 큐티 모임을 인도하면서 아이들에게 떨어지는 이야기를 훨씬 많이 들려주었습니다. 그리고 떨어진 아이들에게 "네가 믿음의 수준이 높아서 떨어진 거야. 그러니까 붙은 아이들을 부러워하지 말아라" 하고 말했습니다. 그러자 아이들이 더 하나님께 매달렸습니다. 더 감사하며 신앙생활을 했습니다.

주님이 말씀하신 복도 그래요. 기복이 아니라 팔복입니다. 핵심은 가난이고 주제는 박해입니다. 이 팔복은 심령이 가난한 자, 애통하는 자, 온유한 자, 의에 주리고 목마른 자, 긍휼히 여기는 자, 마음이 청결한 자, 화평하게 하는 자, 의를 위하여 박해를 받은 자만이 누릴 수 있습니다(마 5장).

믿는 우리에게도 가난과 핍박이 찾아옵니다. 대학 시험에 떨어지고 취직 시험에 떨어지고 아파트 분양 추첨에서 떨어지고……. 때마다 시마다 애통할 수밖에 없는 사건이 오죠. 하지만 천국에 들어갈 수만 있다면 가난과 핍박이 무슨 대수입니까? 어떤 환난과 고통을 당할지라도 괜찮습니다. 우리의 모든 환경을 초월하시는 주님 때문에 기뻐하고 즐거워하며 누리는 것이 팔복입니다. 제가 날마다 고난의 메시지를 외치고, 팔복을 부르짖는 이유가 여기에 있습니다. 복음이 바로 그런 것이기 때문입니다.

빚지지 않기 위해 어려운 동네로 이사 가서 십 년 동안 파출부 일을 하신 권사님이 있습니다. 하루 벌이로 먹고사는 것도 힘든데 목자로 공동체를 섬기다 보니 늘 "목장 예배를 드릴 수 있는 옥탑방이라도 하나 있으면 좋겠다"고 생각했답니다. 그래서 그 기도 제목을 놓고 목장 식구들도 한마음으로 열렬히 기도했습니다.

그런데 생각지도 않게 그 동네가 재개발되었고, 그 덕분에 권사님도 아파트를 분양받았습니다. 게다가 동호수 추첨을 했는데, 옥탑방이 하나 더 있는 맨 꼭대기 층에 배정되었습니다. 옥탑방 앞에는 정원이 있을 뿐만 아니라, 앞산이 병풍처럼 펼쳐져 있더랍니다. 이분이 십 년 동안 아무것도 안 쓰고 한 달에 5백만 원을 벌어도 도저히 살 수 없는 전망 좋은 아파트를 하나님이 딱 앞에 갖다주신 것입니다. 여러분, 이게 기복입니까, 팔복입니까?

이 권사님은 십 년 동안 남편이 공부한답시고 돈을 전혀 가져다주지 않았지만 빚을 하나도 안 졌습니다. 오히려 파출부 일을 하면서 힘든 사람들을 돕고 나누는 인생을 살았습니다. 십 년을 한결같이 예배를 사모하여 말씀을 들으러 오셨습니다. 저는 하나님이 그것을 보셨다고 생각합니다.

팔복을 누리는 인생이란 이런 것입니다. 그러므로 떨어지는 고난으로 수치와 열등감을 느낀다고 신앙생활을 포기해서는 안 됩니다. 예배를 포기하고 말씀을 포기하고 공동체를 포기해서는 안 됩니다. 이 권사님처럼 힘들수록 주님의 보혈을 의지하여 하나님의 보좌 앞에 나아가야 합니다. "천국이 그들의 것임이요"라는 약속의 말씀을 내 것으로 만들어야 합니다. 그리하면 죽을 일이 많아도 반드시 살아나게 될 줄 믿습니다. 칼이 아니라, 돈이 아니라, 하나님의 사랑을 확신하는 '믿음'이 능력이기 때문입니다.

## 환난 가운데 들리는 나팔 소리

큰아이가 세 살, 작은아이가 태어나기 나흘 전에 남편이 낙상사고를 당한 한 집사님의 이야기입니다. 이분의 남편은 그 사고로 전두엽이 90% 이상 손상되었다고 합니다. 결국 뇌병변 6급 장애인이 되어 20년째 병원 신세를 지고 있답니다. 집사님은 감정과 인지 조절이 전혀 안 되는 남편을 보며 삶을 놔 버리고 싶었지만, 아이들 때문에라도 살아 내야 했습니다. 그러던 중 어찌해 볼 도리가 없는 절망 가운데 우리들교회로 오셨습니다.

다음은 그분의 간증입니다.

처음에 교회에 왔을 때는 말씀이 들리지 않아 억울함과 연민에 많이 울었습니다. 하지만 차츰 제가 지극히 이기적이고 교만한 사람이란 걸 깨닫게 되니 애매한 고난을 주실 수밖에 없는 하나님의 심정이 이해되었습니다. 저는 직장에서 3교대를 하며 아이 둘을 키워야 했기에 큰 수술을 두 번 한 남편을 시댁에 맡겼습니다. 그러나 남편은 시댁에서 전혀 통제가 되지 않아 정신병원 입·퇴원을 반복했습니다.

그러다 시아버님이 돌아가시고 시어머님도 치매에 걸리셔서 남편을 시댁에서 데려와야 했습니다. 저는 아픈 아빠로 인해 우울한 사춘기를 보내고 있는 아이들에게 남편이 끼칠 영향이 두려웠습니다.

그러나 '어떤 경우에도 이해타산에 따라 아픈 가족을 박대하면 안 된다'는 설교 말씀을 듣고 마음이 찔렸습니다. 남편의 건강이 안 좋아 금방 소천할 것 같기도 하고, 그러면 끝까지 함께했다는 생색도 낼 수 있을 것 같았습니다. 그래서 하나님의 수행원이 되어 남편을 감당하기로 결단했습니다.

하지만 입원 중인 남편이 낙상하여 후두부 출혈이 심하다는 연락을 받았을 때는 순간 '앞뒤 머리를 다 다쳤으니 이제 온전해지겠네요' 하며 미친 사람처럼 허공에 소리를 질렀습니다. 남편은 작년 말 세 번째 낙상 사고를 당했습니다. 병원비와 간병 등이 만만치 않아 결국 제가 근무하는 병원으로 남편을 옮겼습니다. 저는 욕하고 소리 지르며 대소변 감각도 없이 병동을 휘젓고 다니는 남편 때문에 제 수치가 드러날까 봐 전전긍긍했습니다. 그런데 남편이 심방 예배에서 어린아이처럼 "아멘!" 하고 대답해서 저도 놀라고 믿지 않는 남편 친구도 놀라워했습니다.


이후 집사님의 남편은 어느 정도 회복되어 요양원으로 옮기고, 그곳에서 환갑 예배도 드렸답니다. 요즘은 옛날 기억도 많이 회복되어 조금은 평안해졌다고 합니다.

얼마 전의 일입니다. 부부목장의 권찰님이 요양원을 방문해서 이 남편 분에게 "부인이 고생이 많지요?" 하고 물었다고 합니다. 그러자 이분이 "그냥 많은 게 아니라 굉

장히 많지요. 남편을 잘 만났어야 하는데 아내에게 미안합니다!"라고 했답니다. 순간 집사님은 자신의 귀를 의심했고, 이내 감사와 기쁨의 눈물을 흘렸답니다. 집사님은 "긍휼히 여기는 자는 긍휼히 여김을 받는다"(마 5:7)는 팔복의 말씀을 들으며, 남편의 사고는 당한 것이 아니라 "만났다"는 말씀에 참으로 "아멘"이 되었다고 합니다.

그런데 여러분, 이 사연이 이렇게 해피엔딩으로 끝나면 얼마나 좋겠습니까? 하지만 집사님의 아들도 고2 때 크기와 위치가 좋지 않은 뇌동맥류 진단을 받았다고 합니다. 그래서 집사님이 '왜 하필 또 머리냐!' 하고 하나님께 분을 막 뿜어냈답니다. 그럼에도 하나님은 네 번의 시술 끝에 수술하지 않고, 평생 약 복용으로 아들의 돌연사를 막아 주셨다고 합니다. 더구나 이 아들이 교회에서 양육을 받고는 오히려 엄마를 위로하더랍니다. 집사님은 간증을 이렇게 마무리했습니다.

하나님의 말씀이 온전히 기쁘다는 생각을 해 본 적이 없었습니다. 그런데 오늘 비로소 내 이름을 불러 주시며 '주님을 보았다'라는 고백이 나옵니다. 내 안에 감춰진 죄에 대한 무감각, 불신, 교만, 비교, 자기 의의 모든 이세벨을 내려 던지고 (왕하 9:30~33) 돌이켜 사명 감당하길 기도 부탁드립니다. 사랑의 빚을 많이 진 시댁, 친정, 교회 공동체에 감사드립니다. 모든 것이 똥이 된 이세벨의 최후를 마음에 새기며(왕하 9:37) 더욱 말씀 편에 서라고 간증의 자리에 세우신 하나님, 감사합니다.

떨어져도 감사란 이런 것입니다. 끝이 보이지 않는 절망의 구렁텅이로 떨어져도 그래요. 감사하면 이런 기적들이 일어납니다. 사실 눈에 보이는 것, 잡히는 것 하나 없는 상황에서 말씀을 붙잡고 믿음으로 감사하며 산다는 것이 생각처럼 쉽지는 않습니다. 그래서 다들 대학에 붙어서, 취직을 잘해서, 돈을 많이 벌어서 하나님께 영광 돌리고 싶어 하는 것이죠.

하지만 시험에 붙고, 환경이 나아지고, 집 나간 자식이 돌아온다고 하늘이 열리는 것이 아닙니다. 입시에 사로잡히고, 돈에 사로잡히고, 배우자와 자식에게 사로잡히고, 질병에 사로잡힌 가운데서도 하늘을 바라보아야 합니다.

날마다 말씀을 붙잡아야 합니다. 말씀으로 잘 준비된 사람은 어떤 환난 가운데서도 나팔 소리 같은 성령의 음성을 듣습니다. 성령의 감동으로 하나님의 신비한 은혜를 체험하게 되는 것입니다.

## 돌아온 탕자

마태복음 21장 28절부터 32절까지를 보면 두 아들의 이야기가 나옵니다. 아버지가 그들에게 포도원에 가서 일하라고 하니 맏아들은 순종하는 척하죠. 하지만 정작 가지는 않습니다. 애초부터 갈 마음이 없었기 때문입니다. 그러나 둘째 아들은 "싫소이다" 했어도 그 후에 뉘우치고 포도원으로 일하러 갑니다. 이 둘 중에 아버지의 뜻대로 한 아들은 누구입니까? 둘째 아들입니다. 아무리 사람들에게 손가락질받더라도 세리와 창녀처럼 자기 죄와 잘못을 뉘우치고 돌이키는 사람이 하나님 나라에 들어갑니다(마 21:32).

누가복음 15장에도 또 다른 두 아들 이야기가 나옵니

다. 맏아들은 아버지로부터 받은 유산이 많은데도 여전히 품꾼들과 같이 밭에 나가서 일합니다. 그만큼 성실하고 근면합니다. 남에게 아쉬운 소리를 하거나 손가락질받을 만한 일도 안 합니다.

반면에 작은아들은 어떤가요? 아버지에게 자기 분깃의 재산을 받고는 '먼 나라'로 가서 허랑방탕한 세월을 보냅니다. 그러다 결국 재산을 낭비하고, 흉년까지 겹치는 바람에 돼지나 먹는 쥐엄열매조차 얻어먹지 못하는 신세로 전락합니다. 작은아들은 그제야 집으로 돌아오죠.

여러분은 어떤 아들이 좋습니까? 다들 "맏아들, 맏아들" 하는 것이 인지상정(人之常情)입니다. 믿음으로 구원받았다고 하면서도 끊임없이 구원의 근거를 행위에서 찾으려는 고정관념이 우리에게 있기 때문입니다.

그래서 신앙생활도 이왕이면 장남이 잘하기를 바라고, 출세를 해도 딸보다는 아들이 하기를 바랍니다. 그러나 하나님의 택하심은 우리의 이런 고정관념을 무너뜨립니다. 순서가 중요한 게 아닙니다. 구원에 초점을 둔 믿음은 어떤 순서와 행위에 대해서도 자유합니다.

우리가 어떤 삶을 살았어도 그래요. 하나님이 간절히 바라시는 것은 돌아온 탕자처럼 우리가 주께로 돌아오는 것입니다.

학창 시절 온갖 사고만 치던 어느 집사님의 아들 이야기입니다.

이 아들이 어느 날 뒤늦게 정신을 차리고는 "지금부터 공부하겠다!" 선언하더랍니다. 그러고는 수요예배, 주일예배, 목장예배에 빠짐없이 나갔습니다. 하지만 그렇게 예배에 열심을 보이는 속내에는 좋은 대학에 가고, 성공해서 돈을 많이 벌어 떵떵거리길 원하는 야망이 집사님 눈에는 보였습니다. 집사님은 '내가 이렇게 열심히 예배드리니까 하나님이 나에게 합격으로 보상해 주시겠지' 하는 아들의 꿈이 잘못된 것은 알지만, '그래도 말씀을 듣다 보면 언젠가는 자기 욕심을 깨닫겠지' 하며 아들을 부지런히 예배에 데리고 다녔답니다. 그래서 이 아들이 대학에 척 붙었더라면 얼마나 좋았겠어요.

하지만 그런 일은 일어나지 않았습니다. 오히려 배려심 많고 심성 착한 딸이 아들보다 먼저 수시에 합격했습니다. 서울대를 비롯해 지원한 학교에 다 합격했답니다. 그러자 아들이 분통을 터뜨렸습니다.

"왜 공부도 잘 안 하는 동생은 합격하고, 나는 이렇게 열심히 하는데도 성적이 안 오르는 거야! 하나님은 나를 사랑하지 않으시나 봐!"

아들의 말이 얄미웠던 집사님은 곧장 그 말을 맞받아쳤고, 그 바람에 부자지간에 격렬한 언쟁이 일어났답니다.

그런데 며칠 후에 수요예배를 드리러 교회로 오는 차 안에서 아들이 자신이 계획한 모든 야망과 욕심을 내려놓겠다고 고백하는 게 아니겠습니까? 그 말을 듣고 집사님은 '내가 하나님이라도 붙여 주고 싶다'는 마음이 들더랍니다. 저는 이게 진정한 아버지의 마음이라고 생각합니다.

"쟤는 성실해서 하나님이 택하실 만해", "문제만 일으키던 애가 구원을 받았다고? 좀 두고 봐야지. 언제 세상으로 돌아갈지 모르잖아?" 우리는 이런 말을 함부로 해서는 안 됩니다. 물론 구원의 관점으로 보자면 맏아들이나 작은아들이나 다 하나님의 '내 새끼'지만 우리는 작은아들을 더 기억해야 합니다. 우리 생각에는 맏아들이 구원받을 것 같지만 정작 구원받은 아들은 회개하고 돌아온 탕자, 문제 많은 작은아들이기 때문입니다.

그렇습니다. 내 자녀가 공부 잘하고 일 잘하고 시험마다 척척 붙는다고 구원을 보장받는 것이 아닙니다. 구원의 문제는 절대 장담할 수 없습니다. 훗날은 아무도 모릅니다. 그러므로 지금 내 자녀가 좋은 대학에 붙었다고 잘난 척할 것도 없습니다. 떨어졌다고 속상해할 것도 없습니다. 지금은 속을 썩여도 언젠가는 하나님 앞으로 돌아올 것을 믿고 기다리시기 바랍니다. 돌아온 탕자를 축복하는 부모가 되기를 축원합니다.


## 십자가 없이는 부활도 없다

주님은 십자가에 달려 죽으신 지 3일 만에 다시 살아나셨습니다. 이것은 단순한 기적이 아닙니다. 성경에 이미 기록된 사실입니다. 예수님이 이 땅에 오셔서 거듭해서 전하신 말씀이 그대로 이루어진 것입니다.

물론 죽은 줄 알았던 사람이 다시 살아나면 기적 같은 일이 일어났다고 말하죠. 실패했다가 성공하고, 망했다가 다시 흥해도 부활했다고 표현합니다.

하지만 진정한 부활의 의미는 그런 게 아닙니다. 내 죄를 깨닫고 회개의 눈물을 흘리는 것이 부활입니다. 죽어 있던 내 영성이 다시 살아나는 것이 부활입니다. 회개를 통해 내 삶을 재해석하고, 주변 사람들과 관계가 회복된다면 이 또한 부활입니다. 말씀으로 연단되어 내 혈기와 분노, 우울과 두려움이 사라지는 것이 부활입니다. 중독이 끊어지는 것이 부활입니다.

날마다 말씀을 묵상하며 나의 죽어 있던 영성을 깨우게 되면 이 땅에서의 삶도 거듭나게 마련입니다. 세상 나라가 그리스도의 나라, 하나님의 나라가 되는 것이죠. 이것이 바로 부활입니다.

'No Cross, No Crown(고난 없이는 영광도 없다)'는 말처럼, 십자가 없이는 부활도 없습니다. 다시 말해, 육이 무너져야 영이 세워집니다. 내 삶에 최후의 심판이 있어야 내 영이 세워지는 것입니다. 이것이 하나님 나라의 원리입니다. 우리가 떨어지면 감사해야 할 이유가 여기에 있습니다.

하지만 무작정 떨어진다고 능사가 아닙니다. 떨어지고 떨어지는 고난이 와도 그것이 나에게 한계상황으로, 최후의 심판으로 다가와야 합니다. 그렇지 않으면 내 안에 하나님 나라가 세워질 수 없습니다. 그러므로 내 삶에 하나님 나라가 세워지려면 육적인 축복, 세상적인 축복을 늘 경계해야 합니다. 마냥 붙고 마냥 성공하는 것이 축복일 수 없는 이유는 오히려 이런 것들이 믿음의 진보를 가로막을 수 있기 때문입니다.

주님은 "세상에서는 너희가 환난을 당하나 담대하라 내가 세상을 이기었노라"(요 16:33) 하셨습니다. 예수를 믿는다고 환난을 안 당하는 것이 아니죠. 세상에서 환난을 당하지 않는 것이 도리어 이상한 겁니다. 이렇게 환난당할 것을 주님이 미리 말씀하신 이유는 우리에게 최고의 평안을 주시기 위함입니다. 그러니까 자꾸 환경으로 도망가면 안 됩니다. 어떤 환난을 당해도 "담대하라, 내가 세상을 이기었노라!" 이 말씀만 믿고 가면 됩니다. 우리가 환난을 잘 받으면 세상이 범접할 수 없는 평안을 맛보게 됩니다.

세상을 이기는 비결이 따로 없습니다.

가정 형편 때문에 중학교만 마치고 공장에 취직한 자매가 있었습니다. 자매는 시골의 합판 공장에서 3교대 근무를 하면서 산업체 고등학교를 어렵게 마쳤습니다. 그리고 열아홉 살에 서울에서 객지살이를 시작했습니다. 돈이 없어 월 5만 원짜리 쪽방에 얻어 살면서 죽도록 고생했지만 "나는 착한 사람이다" 하는 자부심 하나로 버텼답니다. 그러다 봉제 공장에서 한 남자를 만나 결혼해서 귀여운 아들도 낳았습니다.

그러나 살림을 꾸려 가면서 지출은 계속 늘어 갔습니다. 카드 빚이 불어나고, 설상가상으로 남편은 툭하면 직장을 그만두었습니다. 남들보다 열심히, 착하게 살았는데 왜 이리 삶이 꼬이는지 자매는 도무지 알 수 없어 답답했습니다.

그런데 이 자매가 우리들교회로 인도된 후 날마다 말씀을 붙잡고 살아나기 시작했습니다. 말씀이 꽂히는 '구원의 은혜'를 누리게 된 것이죠. 하지만 남편은 여전히 직장도 없고, 신용불량자로 파산 신청을 할 처지에 놓였습니다.

이처럼 떨어지고 또 떨어지는 사건이 계속되면 우리는 자포자기할 수밖에 없습니다. 그러면서 자연스레 신세 탓, 남 탓을 하게 됩니다. 구원의 확신도 점점 잃어 가죠. 그럼에도 이 자매는 자기 십자가를 놓지 않았습니다. 신용불량자 남편을 잘 이고 지고 갔습니다. 다른 복음에 한눈을 팔지도 않았어요.

어느 날 화장품 가게 일과 우유 배달 일이 한꺼번에 들어왔는데 이 자매는 우유 배달 일을 선택했습니다. 화장품 가게 일이 훨씬 많은 수입을 보장했지만, 그 일을 하면 주일을 지킬 수 없기 때문입니다. 그래서 자매는 하나님과 동행하는 마음으로 예배를 드릴 수 있는 일을 택했습니다.

이것이 바로 십자가를 길로 놓고 가는 것입니다. 주님과 동행하는 삶은 내 의지와 내 열심으로 악착같이 이를 악물고 사는 것이 아닙니다. 하나님의 사랑을 붙잡고 걸어가는 것입니다. 이 자매가 우유 배달을 한다고 누가 무시할 수 있겠습니까? 자기 십자가를 잘 지고 가는 사람은 그 누구도 무시할 수 없습니다.

좋은 학교에 붙고, 큰 회사에 다닌다고 구원의 사명을

감당하는 게 아닙니다. 요란스레 새벽기도, 철야기도를 다닌다고 가족 구원이 쉬 이루어지는 것도 아니지요. 구원을 위해 내가 할 일은 오직 내 십자가를 잘 지고 가는 것뿐입니다. 떨어지고 떨어지는 환경 가운데서도 묵묵히 자기 십자가를 지고 주님을 따르는 것입니다. 그리하면 감당하지 못할 고난이 없습니다.

우리에게 어떤 힘든 일이 와도 주님은 햇빛과 바람이 통하는 곳에서 우리로 숨 쉬게 하십니다. 그러니 지금 떨어졌다고 낙심하지 마세요. 진짜 기가 막힌 사람은 좋은 환경에서도 감사할 줄 모르고 불평하는 사람입니다. 그러므로 육이 무너지는 것만큼 영을 세워 주시는 주님을 신뢰하며 날마다 십자가 튼튼히 붙잡으시길 바랍니다.

. . .

무작정 떨어진다고 능사가 아닙니다.
떨어지고 떨어지는 고난이 와도 그것이 나에게 한계상황으로,
최후의 심판으로 다가와야 합니다.
그렇지 않으면 내 안에 하나님 나라가 세워질 수 없습니다.

. . .

# Question & Think 📃

붙는 이야기보다 떨어지는 이야기를 더 많이 들어야 합니다

Q. 나는 붙는 이야기만 듣기 좋아하지 않습니까? 떨어지는 이야기도 들을 귀가 있습니까? 내 삶에 찾아온 가난과 박해는 무엇입니까? 그럼에도 주님 때문에 기뻐하고 즐거워하며 팔복을 잘 누리고 있나요?

.......................................................

.......................................................

.......................................................

말씀으로 잘 준비된 사람은 환난 가운데서도 나팔 소리 같은 성령의 음성을 듣습니다

Q. 입시, 취업, 성공, 돈, 질병, 각종 중독, 문제 많은 부모, 형제, 자녀, 배우자 등 어디에 사로잡혀 있나요? 그 환경에서 날마다 큐티하며 나팔 소리 같은 성령의 음성을 듣고 있습니까? 성령의 감동으로 체험한 붙회떨감의 은혜는 무엇인가요?

.......................................................

.......................................................

'돌아온 탕자'를 기억해야 합니다

Q. 끊임없이 구원의 근거를 찾으려는 나의 고정관념은 무엇인가요? 내 소견대로 행했다가 떨어지고 망한 사건이 있습니까? 돌아온 탕자의 아버지처럼 재물을 낭비하는 값을 치르면서까지 구원의 사랑을 보인 적이 있나요?

..................................................................................

..................................................................................

..................................................................................

..................................................................................

..................................................................................

십자가 없이는 부활도 없습니다

Q. 내 죄를 깨닫고 회개의 눈물을 흘린 적이 있습니까? 그래서 죽어 있던 내 영성이 다시 살아났습니까? 입으로만 회개하기에 여전히 영성이 죽어 있지는 않으세요? 육이 무너짐으로 영이 세워진 경험이 있습니까?

..................................................................................

..................................................................................

..................................................................................

## 우리들 묵상과 적용 🙏

저는 4대째 모태신앙인으로 신앙생활을 열심히 하시는 어머니와 아홉 살, 여섯 살 터울의 형들 밑에서 자랐습니다. 아버지는 제가 태어나기 전에 돌아가셨습니다. 저는 어머니나 형들의 말을 듣지 않으면 무조건 맞았기에 어릴 때부터 가족에게 '절대 복종'을 했습니다. 그러다 제가 초등학교 4학년 때 왜 가야 하는지 이유조차 모른 채 가족을 따라 인도로 가게 되었습니다. 인도에서 형들과 어머니는 거의 하루도 빠짐없이 싸웠고, 한번은 형들끼리 싸우다가 집 안이 온통 피투성이가 되기도 했습니다. 그 사건 이후 어머니의 건강이 급격히 나빠지셔서 결국 저희 가정은 3년 반 만에 귀국했습니다.

저는 힘들어하는 어머니를 보며 '나라도 엄마 말씀을 잘 들어야겠다' 하며 반항 한번 하지 않았습니다. 그러던 어느 날, 어머니가 "자식새끼들 키워 봤자 다 소용없어!"라고 하시는데 그 한마디에 그때까지 참고 억눌러 왔던 것이 터졌습니다.

그러다 고3이 되면서 처음으로 제 주장을 하며 어머니와 언성을 높였습니다. 한번은 어머니가 저보고 문을 닫고 에어컨을 켜라고 하셨습니다. 그런데 제가 베란다 문을 안 닫은 것을 아시고는 심한 욕을 제게 퍼부으셨습니다. 저는 "그게 그렇게 화 낼 일이에요!"라고 했다가 토를 단다는 이유로 어머니께 주먹으로 머리와 얼굴을 여러 번 맞았습니다.

때마침 다음 날이 주일이라 교회에 갔는데, 예배당에 앉자마자 서러움에 눈물이 흘렀습니다. 저는 '도대체 왜 나를 이 가정에 보내셨나요?' 하며 하나님께 물었습니다. 그날 "사랑이 없으면 소리 나는 구리와 울리는 꽹과리가 된다"(고전 13:1)는 말씀을 들었습니다. 그런데 지금까지 어머니와 형들한테 복종한 것이 제가 가족을 사랑해서가 아니라 혼자가 되고 싶지 않아서 그런 것임이 깨달아졌습니다. 내 잘못이 아니라는 것을 합리화하기 위해 가족 내에서 피해자와 가해자를 구분하며 가족을 정죄하고 비난한 것도 회개하였습니다. 이렇게 제 안에 있던 모든 더러운 것을 회개하니 비로소 집이 제게 안식처로 다가왔습니다. 힘들었던 시간을 말씀으로 해석해 주시고 생명으로 이끌어 주신 하나님, 감사하고 사랑합니다.

넷째,
# 최후 심판이 있어야
# 하나님 나라가 세워집니다

## 우렛소리로 오시는 하나님

아모스서 5장 18절과 19절에 보면 "화 있을진저 여호와의
날을 사모하는 자여 너희가 어찌하여 여호와의 날을 사모
하느냐 그 날은 어둠이요 빛이 아니라 마치 사람이 사자를
피하다가 곰을 만나거나 혹은 집에 들어가서 손을 벽에 대
었다가 뱀에게 물림 같도다"라고 합니다.

갑자기 떨어지고 또 떨어지는 환난이 닥치면 우리는
마치 뱀에게 물린 것처럼 '왜 나한테 이런 일이 계속 생기
는가?', '예수 믿었는데 돌아오는 게 겨우 이것뿐인가?' 생
각합니다.

하지만 떨어지는 사건을 통해 하나님의 말씀이 들린다면 이보다 더한 축복은 없습니다. 말씀으로 사건이 해석되면 해결하지 못할 일이 없기 때문입니다. 떨어지는 일로 하나님을 더욱 믿고 따르게 되니 그야말로 고난이 구원의 사건이 되는 것입니다.

일류 대학에 척 붙어서 남부러울 게 없는 한 청년이 있었습니다. 그는 그런 자신을 늘 자랑스러워했습니다. 대학 졸업을 앞두고도 그랬어요. 대기업 입사 시험에 단번에 딱 붙어서 이생의 자랑을 한껏 보이고 싶었죠. 그런데 이 청년이 취업 시험을 보는 족족 떨어지는 게 아니겠습니까? 이런 지경에 처하면 하나님을 찾아야 하는데 이 청년은 그러지 않았습니다. 그저 떨어지고 떨어지는 재앙이 멈추기만을 바랐습니다. 하루빨리 대기업에 입사해서 '내가 이만큼 잘났다' 자랑하고 싶은 마음으로만 가득했습니다.

하지만 그런다고 하루아침에 기적이 일어납니까? 이 청년은 오랜 시간 백수로 지내면서 "내게 왜 이런 고난을 주시느냐?" 하며 자꾸 원망만 하니 하나님과도 점점 멀어졌습니다. 청년의 삶은 점점 피폐해졌고 몸도 마음도 병들기 시작했습니다. 그러다 불면증에 시달리던 어느 날에는 수면제를 집어삼켰습니다. 그리고 친구에게 전화해 "장례식장에서 보자"라고 해서 모두를 놀라게 하기도 했답니다.

그런데 그렇게 사로잡힌 가운데 이상하게도 주일마다 믿음 안에서 말씀과 삶을 나누던 교회 지체들이 그립더랍니다. 그래서 다시 이 청년이 교회로 돌아왔습니다.

그러니 여러분, 취업 시험에 떨어진 것이 이 청년에게 기쁜 일입니까, 슬픈 일입니까?

제 남편의 일도 그래요. 멀쩡하던 남편이 하루아침에 죽었으니 세상적으로 보면 번개가 치고 우렛소리가 나는 (계 4:5) 심판의 사건 아닙니까? 그러나 하나님은 이 사건으로 저에게 말씀이 들리는 은혜를 주셨습니다. 무엇보다 이 일은 남편을 영원한 사망에서 건지신 능력과 구원의 사건이 되었습니다.

성경에서는 고아와 과부가 가장 불쌍하고 연약하다고 말합니다. 그러니 제가 과부로서 세상 유혹에 흔들리지 않고 많은 사람을 주께로 인도하는 것이 어찌 쉬운 일이겠습니까. 제 힘으로는 도저히 불가능하죠. 하지만 그 불쌍한 과부인 제가 종말의 사건을 말씀으로 해석하여 주님의 권능을 보이게 되었습니다.

내가 재산을 다 날리고, 내 자녀가 시험에 떨어져도 그래요. 그렇다고 지옥에 가는 것이 아니잖아요. 그로 인해 내가 더욱 주님을 의지하게 되고, 내 부모, 내 형제가 예수를 믿게 된다면 이야말로 대박 인생 아닙니까? 생각만 해도 감사가 절로 나오지 않습니까? 그러므로 내 인생에 번개와 음성과 우렛소리처럼 떨어지고 떨어지는 심판의 사건은 하늘 문이 열리는 축복의 사건입니다.


## 말씀의 예방주사

로마서 8장 35절에 보면 "누가 우리를 그리스도의 사랑에서 끊으리요 환난이나 곤고나 박해나 기근이나 적신이나 위험이나 칼이랴"라고 했습니다.

'환난'을 원어로 보면 '트리볼룸'으로 로마 시대의 타작기를 뜻합니다. 우리말로는 '도리깨'라고 하지요. 볏단을 늘어놓고는 탁탁 때려서 곡식알이 떨어지도록 하는 도구입니다. 우리의 환난도 그렇습니다. 도리깨로 탁탁 맞는 아픔과 같습니다. 그러나 이런 아픔이 있어야 믿음의 알곡을 얻을 수 있습니다. 환난에는 '누르다', '짜내다', '분쇄하다'라는 뜻이 있습니다. 100% 죄인인 나를 하나님이 믿음으로 의롭다 하고 거룩하게 하시기 위해 누르고, 짜내고, 분쇄하는 환난이야말로 성도의 필수 과정이라는 것이죠.

그런데 이렇게 하나님이 환난으로 우리를 양육하시는 이유가 무엇입니까? 환난이 올수록 우리 자신의 믿음이 객관적으로 보이기 때문입니다. 그래서 고난은 위장된 축복입니다. 주님 안에 머물면 어떤 고난도 복의 근원이 됩니다. 바울 한 사람이 고난받음으로써 천하 만민이 복음을 영접하지 않았습니까? 우리도 마찬가지입니다. 어떤 흉년에서도 인내하며 주님을 붙들 때 그런 나로 인해 천하만민이 복을 받게 될 것입니다.

그러나 정작 우리의 실상은 어떻습니까? 환난이 오면 즉시로 "하나님은 나를 사랑하지 않으시나 봐" 하며 오해합니다. 왜죠? 인간의 사랑은 이해관계에 얽혀 있기 때문입니다. 그저 내 원함을 채워 주어야 사랑으로 여기기 때문이죠. 하지만 하나님의 사랑은 우리와 그 목적 자체가 다릅니다. 우리를 죄에서 구원하시려는 것이 하나님의 목적입니다. 그래서 주님이 무조건 내 원함대로 들어주시지 않는 겁니다. 때로는 단잠도 주시고, 부유함도 주시지만, 때로는 가난과 박해를 주시는 이유가 다 있습니다. 중요한 점은 하나님의 자녀가 받는 환난은 모두 영적 연단과 관련되어 있다는 것입니다.

무엇보다 하나님을 믿는 우리에게 우연히, 갑자기 닥치는 고난은 없습니다. 모든 사건이 내가 살아온 날의 결론이고 내 삶의 결과입니다. 하나님은 끊임없이 성경을 통해, 예배를 통해, 공동체의 나눔과 간증을 통해 우리 삶에 찾아올 풍년과 흉년을 미리 알려 주십니다. 그러므로 우리가 흉년을 예비하는 방법은 어떤 말씀도 나에게 주시는 하나님의 음성으로 듣고 내 삶에 적용하는 것뿐입니다.

물론 아무리 말씀을 듣고 예비해도 흉년은 우리 삶에 쉬지 않고 찾아올 것입니다. 내가 날마다 큐티하고 기도하고 말씀으로 무장해도 돈의 흉년, 건강의 흉년, 관계의 흉년은 시시때때로 찾아옵니다. 하지만 미리 말씀으로 예방 주사를 맞고 흉년을 당하는 것과 아무 대책 없이 흉년을 당하는 것은 하늘과 땅 차이입니다. 환난이 올 때마다 우리는 자신을 바라보면 절망할 수밖에 없지만, 그럼에도 주님을 바라보면 살길이 열립니다. 그러므로 어떤 상황에서도 예배를 포기하지 말고, 기도의 끈을 놓지 말아야 합니다. 날마다 말씀을 붙잡아야 합니다.

한 집사님이 당첨만 되면 엄청난 프리미엄이 붙는 아파트를 분양받으려고 수도권 일대를 누비고 다녔답니다. 그러다 교통사고가 났습니다. 가벼운 접촉 사고이긴 했지만 그제야 정신이 번쩍 들더랍니다. 즉시 큐티 책을 펼쳐 보니 그날 본문 말씀이 시편 84편이었습니다.

"주의 궁정에서의 한 날이 다른 곳에서의 천 날보다 나은즉 악인의 장막에 사는 것보다 내 하나님의 성전 문지기로 있는 것이 좋사오니"(시 84:10).

하나님의 집에서 평생 예배하며 살고 싶다는 고백을 보는 순간, 이와는 반대로 잘 먹고 잘살려고 시세 차익이 많은 아파트를 구하러 다닌 자신의 죄가 깨달아졌답니다.

그러니 여러분, 교통사고가 난 것이 이분에게는 축복 아닙니까?

우리도 그렇습니다. 사건이 와야 비로소 말씀이 들립니다. 시험을 망치고, 입시에 떨어져야 말씀이 가슴 깊이 들어옵니다.

설령 지금의 고난이 당장 해결되지 않아도 그래요. 성경에 기록되었듯이 믿음의 계보는 '다른 씨' 곧 의외의 사람을 통해 이어집니다. 창세기 4장 25절과 26절을 보면, 아담의 잘난 아들 가인이 아벨을 죽인 후 '다른 씨' 에노스가 등장합니다. 에노스는 '한계상황의 불치병'이라는 뜻을 가진 이름입니다. 그런데 이 에노스에게서 예수님이 오셨습니다.

그러므로 내가 하는 일이 족족 안 되고, 떨어지는 일이 있어도 '하나님께 저주받았나?' 이런 생각부터 하면 안 됩니다. 한계상황의 고난을 통해 나를 약속의 조상으로 세우시려는 하나님의 계획을 볼 수 있어야 해요. 그리하면 그 어떤 고난도 축복의 통로가 될 것입니다.

이것이 하나님이 우리를 인도하시는 방법입니다. 저

도 여러모로 교만하니까 하나님이 여러 사건을 주셔서 낮추고 또 낮추셨습니다. 고난으로 제가 주님 앞에 낮아지자 비로소 하나님이 저를 쓰기 시작하셨습니다. 무엇보다 날마다 큐티하며 제 인생을 말씀으로 예비하고, 고난을 해석하는 것이 얼마나 큰 축복인지 알게 하셨습니다.


## 최고의 인생

우리들교회에 의사로 일하는 멋진 자매가 있습니다. 그런데 저는 자매의 굴곡진 인생 이야기를 들으며 '세상에 이런 고난도 겪을 수 있는가!' 참으로 놀라웠습니다.

이 자매는 어릴 적부터 집안 형편이 녹록지 않았답니다. 단칸방에 온 가족이 옹기종기 모여 살다 보니 우연히 부모님의 부부관계를 목격하기도 했죠. 그로 인해 성에 일찍 눈을 떴는데 설상가상 친척에게 성추행까지 당했습니다. 자매가 중학생일 때 부모님이 불화가 극에 달해 이혼했는데, 위자료 문제로 아버지가 감옥까지 가셨답니다. 그러니 얼마나 불우한 환경입니까? 그럼에도 이 자매는 학교에서는 모범생으로, 교회에서는 믿음 좋아 보이는 성가대원으로 살았답니다. 원하던 의대에도 들어가고 선교단체에서도 열심히 활동했죠.

하지만 불신자인 남자 친구를 만난 후로 점점 하나님과 멀어졌습니다. 그러던 어느 주일에 예배도 안 드리고 놀러 갔다가 그만 남자 친구에게 성폭행을 당하고 말았습니다. '이제는 음란을 끊으라'는 하나님의 사인임을 알았지만, 자매는 이미 버려진 몸이라고 자포자기하며 계속 그를 만났고, 결국 임신까지 하게 되었습니다.

그래도 들은 말씀이 있기에 낙태는 차마 할 수 없었답니다. 성 중독인 불신 남자 친구를 벗어나고 싶었지만 아이를 낳으려면 결혼을 해야 할 것 같아 상견례 자리까지 마련했습니다. 그러나 남자 친구 어머니의 모욕적인 태도에 자매의 어머니도 결혼을 반대했고, 결국 결혼이 무산되었습니다. 그리고 자매는 아기를 낳은 후에 바로 입양을 보냈습니다.

이후 자매는 지난 삶에 대한 후회와 아기를 향한 그리

움으로 날마다 눈물로 베갯잇을 적셨습니다. 학교에도 복학하고 교회와 선교단체 일에 더욱 열심을 내며 자신의 죄를 덮으려 했지만 그럴수록 내면은 점점 곪아 갔답니다.

그러던 중 자매는 자신의 모든 상처를 감싸 줄 것 같은 신학대학원생 형제를 만났습니다. 하지만 이 교제 역시 음란했고, 그 형제와도 결국 헤어지게 되었답니다. 자매는 이렇게 해, 달, 별이 떨어지는 모든 사건을 겪고 나서야 친언니의 인도로 우리들교회에 오게 되었습니다.

자매는 자신의 고난을 약재료 삼아 간증하는 지체들을 보며 마음이 열렸고, 목장 모임과 교회의 양육을 통해 자연스레 상한 마음이 회복되었습니다. 그러면서 "인생의 목적은 행복이 아니라 거룩"이고, "나의 현재는 지금껏 살아온 삶의 결론"이라는 것을 깨달았다고 고백했습니다. 그리고 이성에게서 행복을 찾으려 했던 자기 욕심을 보고 회개했습니다. 무엇보다 혼전 임신과 입양이라는 기막힌 사건으로 하나님이 자신의 음란을 끊어 주셨다는 것을 온전히 인정하게 되었답니다.

그러자 자매의 내면 깊이 존재했던 어두움이 빛으로

환해지기 시작했습니다. 자매는 자신의 고난도 하나님께 내어놓고 약재료로 쓰임받기를 꿈꾸었는데, 청년부 목자로 세워 주셔서 귀한 지체들을 섬길 수 있게 되었다며 감사했습니다. 그런데 환난은 이것으로 끝이 아니었습니다. 자매가 갑상샘암에 걸린 것입니다.

암 수술 후 대상포진까지 찾아와 고통스러운 가운데서도 자매는 이렇게 고백했습니다.

암 수술 후 방사선 치료를 앞두고 여러 육신의 감옥에 갇혀 있지만, 말씀과 믿음의 공동체 안에 있으니 암 사건이 내 삶의 결론임을 인정하게 됩니다. 하나님께서 애통한 마음으로 제게 허락하신 이 고난이 너무나 감사합니다. 말씀을 통해 범사에 창성하게 하실 하나님을 기대합니다. 앞으로 제 고난을 약재료 삼아 미혼모와 고아 사역에 쓰임받고 싶습니다.

할렐루야! 어두운 과거는 덮고 결혼하여 아무 일 없는 듯 사는 사람이 얼마나 많습니까? 그런데도 자매는 이 수치를 다 꺼내 놓고 하나님께 쓰임받고 싶다고 했습니다.

'붙회떨감의 인생'이란 이런 것입니다. 세상 성공을 거두어도 구원받지 못하면 실패한 인생이지만 떨어져도 구원받으면 이렇듯 최고의 인생이 되는 것입니다.

저는 이런 자매야말로 교회의 남은 자손이라고 생각합니다. 이 자매는 몇 해 전, 청년부에서 만난 형제와 결혼하여 믿음의 가정을 꾸리고, 지금은 장년부 목자로 섬기고 있습니다.

요즘 청년들은 교회를 보는 기준이 높아져서 무조건 복받는다는 설교도, 무조건 위로만 하는 설교도 좋아하지 않는 것 같습니다. 또 차별이나 비리를 싫어해서 스펙이 있다고 직분을 주는 교회도, 재정이 투명하지 않은 교회도 딱 질색합니다. 그런데 저 같은 할머니 목사가 설교하는 교회에 청년이 3천 명이 넘게 출석하고 있습니다. 특별한 프로그램 하나 없는 교회에 말입니다. 왜일까요?

제가 한 일이라곤 청년들에게 성경을 차례대로 읽게 하고, 구속사의 원리를 가르친 것뿐입니다. 그랬더니 청년들이 고정관념을 깨고 우리들교회로 모여들기 시작했습니다. 붙회떨감의 가치관을 잘 심어 주었더니 청년들이 살아난 것이죠. 저는 이것이야말로 하나님이 제게 보여 주신 가장 큰 증거라는 생각이 듭니다. 그러니 제가 어찌 날마다 감사하지 않을 수 있겠습니까.

## 고난이 축복인 이유

출애굽기 12장 29절부터 30절까지를 보면, 애굽 전역 밤중에 모든 장자가 죽임당하는 재앙이 임합니다. 그날 밤 애굽에는 "죽임을 당하지 아니한 집이 하나도 없었음이었더라"라고 합니다. 정말 그 누구도 손쓸 수 없는 밤이 찾아온 것입니다.

그런데 이 재앙이 애굽에 사로잡혀 있던 이스라엘 백성에게도 똑같이 찾아왔습니다. 거듭 말씀드리지만, 우리가 예수를 믿는다고 재앙이 오지 않는 게 아니죠. 그러나 이스라엘 백성은 이 재앙에서 'pass over(유월, 逾越)'했습니다. 하나님이 미리 알려 주신 대로 문설주와 인방에 어린양의 피를 발랐기 때문입니다(출 12:23). 이처럼 도망갈 길이 없는 그 밤에도 들은 말씀이 있어서 그 말씀에 순종하면 하나님이 길을 열어 주십니다.

아무리 예수를 잘 믿어도 입시에 떨어지고, 회사 면접에 떨어질 수 있습니다. 부도가 나고 병에 걸릴 수 있죠. 자녀가 가출할 수 있습니다. 때마다 시마다 재앙이 닥치고, 고난이 옵니다. 더욱이 "주의 날이 도둑 같이 오리니"(벧후 3:10)라는 말씀처럼, 우리 삶의 재앙도 도둑같이 옵니다. 그런데 미리 들어 둔 말씀이 없으면 이날이 주의 날인지, 저주의 날인지 도무지 알지 못합니다. 결국 말씀이 없으면 홀연히 임한 재앙 앞에서 원망만 하다가 멸망에 이르게 됩니다. 그러나 날마다 큐티하며 복음을 듣고 예비한 사람은 똑같은 재앙을 당해도 구원의 길로 나아갑니다. 입시에 실패하고, 결혼에 실패하고, 취업에 실패해도 낙심하지 않죠. 이 모든 일이 구원의 사건이 되기 때문입니다.

하나님이 우리에게 재앙 같은 사건을 허락하시는 목적은 심판이 아닙니다. 하나님의 목적은 구원 그 이상도 그 이하도 아닙니다.

그러므로 어떤 고난도 하나님의 시간인 '카이로스' 안

에서 구원을 이루는 사건이 될 줄 믿으시기 바랍니다.

저는 남편이 살아 있을 때, 항상 오늘이 마지막이라고 생각하며 남편의 구원을 위해 생명을 내놓고 기도했습니다. 남편이 아무리 화를 내도 매일 구원을 위해 죽을 각오를 하니까 두려울 것도, 남편을 위해 못 할 일도 없었죠. 그래서 남편이 앉으라면 앉고, 서라면 서고, 죽으라면 죽는시늉까지 했습니다. 오늘 내가 죽어도 예수로 결론 나야 했기에 남편에게 혈기를 부릴 수가 없었습니다.

그렇게 훈련의 시간을 보냈기에 하루아침에 남편을 잃는 고난이 와도 능히 감당할 수 있었습니다. 더욱이 남편을 데려가시던 날에 정확히 에스겔 말씀으로 그날의 사건을 해석해 주시니 내가 받는 고난이 손해가 아니라 오히려 감사가 되었습니다. 고난이 축복이 된 것입니다.

제가 괜히 "떨어져도 감사하라"고 말씀드리는 게 아닙니다. 제 자녀들은 입시에서 계속 떨어졌습니다. 그러나 그때나 지금이나 여전한 방식으로 한결같이 말씀을 보며 걸어왔기에 어떤 결과든 감사히 받아들일 수 있었습니다. 그래서 '우리 애가 왜 떨어졌을까?' 하며 미적거리지 않고 하나님의 뜻으로 바로 받아들이고 낙심하지 않을 수 있었습니다.

그리고 몇 해 전에는 육체의 고난 가운데 있는 분들을 체휼하라고 하나님이 제게 사건 하나를 허락하셨습니다. 제가 유방암에 걸린 것입니다. 그러나 이 일도 저로서는 큰일 난 게 아니었습니다. 오히려 성도들이 이 사실을 알고 마치 큰일 난 것처럼 걱정할까 봐 더 염려되었죠. 하지만 이 또한 하나님이 허락하신 일이기에 인생의 하프타임 (Half time)을 지나면서 영광된 하나님의 신비를 알게 하시는 하나님을 찬양하지 않을 수 없었습니다.

일반적으로 교회에서 담임목사가 암과 같은 큰 질병에 걸리면 다들 쉬쉬하게 마련이죠. 그러나 저는 주일예배에서 그 사실을 공식적으로 알리고, 고통스러운 항암 치료 과정 중에도 매 주일 '음성 메시지'를 통해 큐티 말씀으로 받은 은혜를 성도들과 나누었습니다. 항암 치료를 받는 동안 큐티하며 성도들과 나눈 레위기, 잠언, 요한복음, 민수기의 성경 구절은 저에게나 성도들에게나 영원히 잊지 못할 말씀이 되었습니다. 이 말씀을 통해 저의 암 사건이 진노의 심판이 아니라 성령 충만한 사건이 되어 얼마나 감사한지 모르겠습니다.

그리고 그때 우리들교회에 놀라운 일이 일어났습니다. 제가 치료로 자리를 비운 6개월 동안 성도 수가 오히려 10% 이상 늘어난 것입니다. 항암 치료를 시작하면서 "암인데도 감사하고 즐거워하고, 그리스도의 신비를 보이겠다" 하며 성도들에게 약속 아닌 약속을 했는데, 그대로 이루어 주신 것 같아 참으로 감사합니다.

요한계시록 22장에서 예수님은 자신을 "알파와 오메가요 처음과 마지막이요 시작과 마침이라"(계 22:13) 말씀하십니다. 우리의 고난도 그래요. 알파 되신 주님이 시작하셨다면 오메가 되신 주님이 반드시 끝을 내 주십니다. 이것을 아는 자가 복이 있습니다.

내 배우자가 시작과 끝이 아닙니다. 내 자녀가 시작과 끝이 아닙니다. 내 돈이 시작과 끝이 아닙니다. 내 병이 시작과 끝이 아닙니다. 주님만이 나의 시작과 끝이 되십니다. 그러므로 어떤 환경도 주님이 시작하신 것을 믿는다면 주님이 끝내셔야 끝이 난다는 것도 믿으시기를 바랍니다.

그러나 우리는 하나님의 시간을 알 수 없습니다. 그래서 더욱 겸손히 하나님을 믿고 나아가야 하는 것입니다.

내가 계속 떨어지고 또 떨어지는 사건을 당해도 그렇습니다. 내 문제가 가장 빨리 해결되는 길은 모든 것의 창조주이자 우리를 지으신 하나님 아버지께로 돌아가는 것뿐입니다. 그리하면 반드시 하나님이 끝을 맺어 주십니다. 우리 인생 최고의 축복은 떨어지고 또 떨어지는 사건으로 주님을 만나는 것입니다. 우리가 떨어져도 감사해야 할 이유가 여기에 있습니다.

. . .

떨어지는 사건을 통해 하나님의 말씀이 들린다면
이보다 더한 축복은 없습니다.
말씀으로 사건이 해석되면 해결하지 못할 일이 없기 때문입니다.
떨어지는 일로 하나님을 더욱 믿고 따르게 되니
그야말로 고난이 구원의 사건이 되는 것입니다.

. . .

## Question & Think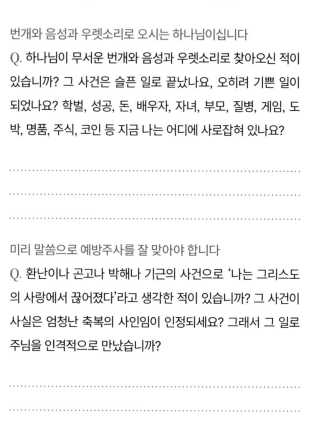

번개와 음성과 우렛소리로 오시는 하나님이십니다

Q. 하나님이 무서운 번개와 음성과 우렛소리로 찾아오신 적이 있습니까? 그 사건은 슬픈 일로 끝났나요, 오히려 기쁜 일이 되었나요? 학벌, 성공, 돈, 배우자, 자녀, 부모, 질병, 게임, 도박, 명품, 주식, 코인 등 지금 나는 어디에 사로잡혀 있나요?

......................................................................................

......................................................................................

......................................................................................


미리 말씀으로 예방주사를 잘 맞아야 합니다

Q. 환난이나 곤고나 박해나 기근의 사건으로 '나는 그리스도의 사랑에서 끊어졌다'라고 생각한 적이 있습니까? 그 사건이 사실은 엄청난 축복의 사인임이 인정되세요? 그래서 그 일로 주님을 인격적으로 만났습니까?

......................................................................................

......................................................................................

......................................................................................

떨어져도 구원받으면 최고의 인생입니다

Q. 하나님께 쓰임받기 위해 꺼내 놓아야 할 나의 죄와 수치는 무엇입니까? 그 죄와 수치를 약재료 삼아 많은 영혼을 살리고 있나요? 나의 현재는 지금껏 살아온 내 삶의 결론임이 인정됩니까?

..........................................................................................

..........................................................................................

..........................................................................................

..........................................................................................

..........................................................................................

..........................................................................................

그래서 고난이 축복입니다

Q. 도망갈 길이 없는 그 밤을 겪었던 적이 있나요? 그때 들은 말씀이 기억났습니까? 그 말씀에 순종함으로 하나님이 길을 열어 주신 간증이 있습니까? 내 고난도 알파 되신 주님이 시작하셨다면 오메가 되신 주님이 끝내실 것을 믿습니까?

..........................................................................................

..........................................................................................

..........................................................................................

## 우리들 묵상과 적용 🤲

저는 어린 시절부터 엄마를 따라 교회에 다녔습니다. 중학생이 되자 시험 기간에는 교회에 빠지고 싶었지만, 엄마의 강권으로 어쩔 수 없이 나갔습니다. 그리고 공공에 유익한 일을 해야 한다는 부모님 말씀에 따라 국제기구에 들어갈 꿈을 품고 고등학생 때 미국으로 유학을 갔습니다.

사실 저는 대학 졸업 후 미국에 남고 싶었습니다. 그러나 엄마는 "황폐한 성전을 재건하라"(슥 1장)는 말씀으로 "한국으로 돌아와 영적 성전 재건에 힘써야 한다"며 저를 설득하셨습니다. 이렇게 말씀에 순종하여 돌아오니 이력서를 잘못 넣는 치명적인 실수에도 불구하고 취업이 되는 기적을 경험했습니다. 이후 대학원과 직장 생활을 병행하며 세상에서 인정받고자 열심히 살았습니다. 하지만 마음은 늘 공허하고 곤고했습니다. 그러다 작년부터 주일학교 청소년부 교사로 섬기며 비로소 내 시간을 나누는 이타적인 삶이 무엇인지 배우게 됐습니다.

저는 대학원 졸업을 한 달 앞두고 이직을 준비했는데, 시험이든 면접이든 나름 잘 봤다고 자신한 곳은 다 떨어졌습니다. 그런데 시험 도중에 실수해서 당연히 떨어지리라 예상한 국제기구에서 유일하게 연락이 왔습니다. 곧 면접을 보았지만, 최종 발표일이 한참 지났는데도 연락이 없었습니다. 그러자 조급함에 사로잡혀 '하나님, 그동안 누구보다 성실히 살고, 십일조도 잘 하고, 예배도 안 빠지고, 혼전순결도 잘 지키며 살아왔는데 왜 응답을 안 주세요!' 하며 따져 물었습니다. 그런데 기다림의 시간이 길어질수록 지금껏 내 열심으로 살며 전적으로 주님을 의지하지 못한 저의 죄가 깨달아졌습니다.

올해 초 하나님은 기다리던 합격 소식이 아닌 청년부 목자로 먼저 저를 부르셨습니다. 감당할 믿음이 없다는 생각에 망설였는데, 목자가 되니 목원들의 나눔이 거울이 되어 매일 내 죄와 실체를 보고 회개하게 되었습니다. 그러고 몇 달 후 하나님은 꿈 같은 합격 소식을 허락하셨습니다. 예정보다 3개월이나 발표를 늦추시며 저를 목자로 훈련시키고 회개하게 하신 주님은 100% 옳으십니다. 더 감사한 일은 이 모든 과정을 지켜보신 아빠가 하나님이 하셨음을 인정하고, 교회에 나오시게 된 것입니다. 앞으로도 큐티로 하루하루를 잘 살아 내며 영혼구원의 사명을 감당하길 기도합니다.

# 붙어도 복이고
# 떨어져도 복입니다

교회에서 양육을 받던 한 집사님이 제가 쓴 책『면접』을 읽고 이런 간증을 남겼습니다.

저는 레지던트를 마치기 전 쌍둥이를 낳는 바람에 휴직했습니다. 그리고 지금은 아이가 셋인 데다 그 쌍둥이가 중1이 되니 남편 수입으로는 교육비를 감당하기 힘들었습니다. 의사인 남편이 월급을 더 많이 주는 병원으로 이직하기를 바랐지만, 남편은 '나 몰라라' 하는 것만 같았습니다. 그래서 하는 수 없이 저도 벌이에 나섰습니다. 그리고 주 1회 파트 타임으로 일할 의사를 찾는 병원에 다음과 같은 내용의 자기소개서를 냈습니다.

"나는 검진센터에서만 일해서 외래 경험이 적고 휴직 기간이 길다. 일하느라 애들과 애착 형성이 안 되어 아이들이 *ADHD* (주의력 결핍 과잉행동 장애), 틱(*tic*), 소아우울증이 있다. 그래서 쌍둥이 자녀 데리고 놀이치료 가고 약 먹이고 살림과 육아에 전념하느라 배운 것도 다 까먹었다. 소아 진료 경험도 거의 없다. 코로나 독감 검사는 해 본 적도 없다. 또 변화를 싫어해서 새로운 일을 시작하는 것도 두렵다. 그런데 쌍둥이 교육비가 부족해서 어쩔 수 없이 이 병원에 지원한다."

그런데 병원에서 면접을 보러 오라고 연락이 왔습니다. 그리고 다른 날도 더 일할 수 있느냐고 물었습니다. 저는 "제가 교회를 안 가면 살 수가 없어서 다른 날은 안 되는데요"라고 말했습니다. 그런데도 병원에서는 다음 주부터 일해 달라고 했습니다. 남편은 그런 저를 보고 "이게 일하겠다는 사람 자기소개서야? 그런데 어떻게 붙었지?" 하며 의아해했습니다.

여러분, 자기소개서에 자신의 수치를 오픈하는 게 무슨 도움이 되겠습니까? 하지만 이 집사님은 그렇게 했는데도 회사에 딱 붙었습니다. 우리들교회에는 이 집사님처럼 자신의 처지나 스펙으로는 도저히 붙을 수 없는 회사나 학교에 붙었다고 간증하는 지체들이 한둘이 아닙니다.

그 비결이 무엇일까요? 저는 솔직함이 그 답이라고 생각합니다. 공동체 고백으로 훈련되었기 때문에 이분이 자기소개서에도, 면접관 앞에서도 자신의 부족함과 수치를 솔직히 드러낸 것입니다. 면접관들도 자신을 솔직히 드러내는 사람을 진실하게 봐주지 않겠습니까? 이처럼 예수 안에서 솔직히 오픈하는 사람에게는 하나님이 주시는 능력이 있게 마련입니다.

저도 옛날에는 무섭고 두려운 것이 참 많았습니다. 그런데 저의 지질한 부분까지 모두 오픈하고 나니 지금은 얼마나 용기가 생겼는지 모릅니다. 솔직히 드러낼수록 저에게 힘이 생기는 것을 느낍니다.

이후 이 집사님은 주 1회 근무를 위해 전날이면 집안일과 아이들을 일찍 재우는 일로 전쟁을 치렀습니다. 병원에서 근무하는 중에 아이들 셋이 번갈아 전화질하는 것도 힘들었답니다. 하지만 그럴수록 집사님은 날마다 자신의 완악함을 회개하며 하나님의 도우심을 구했습니다. 이력서를 쓸 때부터 병원에서 모든 진료를 다 마칠 때까지 말씀과 기도로 주님을 항상 붙들었습니다. 그러면서 자기보다 더 힘들어하는 직원에게는 큐티 책을 전하며 전도에 힘썼답니다.

그러던 어느 날, 병원에서 집사님에게 다음 달까지만 일해 달라고 했습니다. 하나님의 은혜로 겨우 얻은 일자리를 하루아침에 잃게 된 것입니다. '이제 어쩌나?' 싶어 남편에게 연락하니 남편은 "하나님이 나더러 이직하라고 하시네" 하며 월급을 더 많이 주는 병원으로 이직을 결심했다고 합니다. 집사님은 이렇게 간증을 마쳤습니다.

남편은 가끔 저를 보고 웃으며 "법대를 졸업하고 의사 되더니 결국 주부 하는구나!"라고 말합니다. 저는 목장 모임을 위해 식사를 준비하다가 쌀을 쏟았다고 기도 제목을 올리면 함께 기도해 주고, 반찬을 그릇에 담다가 바닥에 쏟았을 때는 "그거 먹어도 안 죽는다" 하며 함께 먹어 준 지체들을 통해 주님을 보았습니다. 완악한 저를 불러 주시고 죽음보다 강한 사랑으로 지켜 주신 하나님, 사랑합니다.

그렇습니다. 붙고 떨어지는 게 인생의 전부가 아닙니다. 어떤 환경에서도 한 사람이 말씀에 힘입어 중심을 잘 잡고 서 있으면 모두가 생명의 길을 걷게 됩니다. 하나님의 말씀에 위력이 있기 때문입니다. 그래서 말씀대로 믿고 살고 누리면 붙거나 떨어지거나 환경 자체가 결코 문제가 되지 않습니다. 어떤 환경도 감사로 받게 됩니다.

우리 중에는 열심히 교회에 다녀도 예수님과 상관없는 인생을 사는 사람이 얼마나 많은지 모릅니다. 그러나 예수 씨가 없는 인생은 말짱 꽝입니다. 그런 인생은 붙고 또 붙어도 언제 떨어질까 두려워하며 불안과 염려로 살아갑니다.

수능을 세 번씩이나 치른 우리들교회 부목사님 한 분이 몇 해 전 붙회떨감 수능 기도회 때 이런 간증을 했습니다.

수능을 마치고 교회로 간 수험생이 얼마나 될까요? 아마 거의 없을 겁니다. 전국을 살펴봐도 지금 여기 앉아 있는 사람보다 적을 겁니다. 제가 수능을 세 번 봤지만 시험을 치르고 곧장 교회에 간 적이 단 한 번도 없기 때문입니다. 첫 수능을 봤을 때는 친구들이랑 나가서 신나게 놀았습니다. 재수했을 때는 망쳤다고 생각해 집에 처박혀서 우울하게 지냈습니다. 삼수했을 때는 '놀아도 보고, 집에도 있어 봤는데 아무 소용없더라. 돈이나 벌자!' 하며 아르바이트하러 나갔습니다.

그런데 여러분, 수능이 끝났다고 끝이 아닙니다. 사실 이제 시작입니다. 원서도 써야 하고, 논술도 준비해야 합니다. 실기시험에다가 면접 준비까지 해야 합니다. 그렇다고 붙는다는 보장도 없습니다. 떨어질 수도 있습니다. 또 대학 간다고 끝나는 게 아닙니다. 대학에서도 경쟁해야 합니다. 졸업해도 끝나는 게 아닙니다. 그다음은 취업 경쟁을 해야 합니다. 취업한다고 또 끝나는 게 아닙니다. 회사에서도 승진 경쟁을 해야 합니다. 이처럼 우리는 경쟁하다가 죽을 인생입니다.

주님은 우리에게 고난을 두려워하지 말라고 하셨습니다. 하지만 저는 말씀이 없으니 대학에 붙은 후에도 우울하고 불안해하며 초조한 시간을 보냈습니다. 그래서 아직껏 불안장애 약을 복용 중입니다. 제가 여러분 나이일 때 '붙회떨감' 가치관을 미리 알았더라면 이렇게 헛된 시간을 보내지는 않았을 것입니다.

주님은 우리에게 "평안을 너희에게 끼치노니 곧 나의 평안을 너희에게 주노라" 약속하셨습니다(요 14:27a). 평안은 오직 예수님으로 말미암아 누릴 수 있습니다. 예수 믿는 우리는 세상이 주는 것으로는 결코 평안을 누릴 수 없습니다. 그런데 우리가 합격 귀신, 출세 귀신, 성공 귀신에 사로잡혀 있으면 하나님의 음성을 듣지 못합니다. 하나님의 꿈과 비전도 볼 수 없지요. 결국 주님을 향한 목표가 확실하지 않으면 좋은 학교를 나오고 좋은 직업을 갖고도 인간은 악하고 음란하게 살아갈 수밖에 없습니다.

물론 입시를 치를 때는 최선을 다해야 합니다. 그러나 시험은 잘 볼 수도 있고, 못 볼 수도 있는 것입니다. 내가 붙을 수도 있고 떨어질 수도 있다고 생각하는 것이 자유함입니다.

그런데 '나는 시험을 잘 봐야 해, 이번엔 꼭 붙어야 돼' 이러면서 시험을 보면 얼마나 초조하고 불안하겠습니까? 나를 사랑하시는 하나님을 신뢰함으로 결과에 대한 자유함이 생길 때 편안한 마음으로 시험도 더 잘 보게 되는 것입니다.

무엇보다 시험은 우리 인생의 전부가 아닙니다. 붙고 떨어지는 일로 인생이 좌우되지도 않습니다. 어떤 결과도 끝이 아닙니다. 우리를 구원의 길로 이끄시는 성령님의 제자 양육의 한 과정일 따름입니다. 시험을 잘 보든 못 보든 시험 답안 하나하나 쓰는 것도 다 성령의 작정입니다. 그러므로 어떤 결과가 나오든 우리는 믿음으로, 회개함으로 나아가기만 하면 됩니다.

부모들도 마찬가지입니다. 자녀에게 "공부해라, 성적을 올려라" 잔소리하지 말고 하나님을 신뢰하는 법을 먼저 가르쳐야 합니다. 하나님을 신뢰하고 그 사랑 안에서 자유함을 누리게 하는 것이 최고의 교육입니다.

우리는 항상 선택의 문제에 직면합니다. 그것이 입시든 취업이든 결혼이든 선택의 갈림길이 우리를 기다리고 있습니다. 이럴 때 생명의 길을 선택하려면 내 생각을 내려놓고 말씀의 인도함을 받아야 합니다. 사소한 일에도 말씀의 인도함을 받고 적용하면 반드시 생명의 길이 열립니다. 아무리 절망적인 상황일지라도 십자가를 길로 놓으면 모든 길이 뚫릴 줄 믿습니다.

결론적으로 이리로 가거나 저리로 가거나, 붙거나 떨어지거나 예수 믿는 우리가 주 안에서 자랑할 것은 하나님밖에 없습니다. 붙으면 붙는 대로, 떨어지면 떨어지는 대로 "하나님의 인도하심을 받았다", "하나님의 말씀으로 내가 이렇게 살아났다" 이 이야기만 전하면 되는 겁니다. 그리할 때 하나님은 시간과 공간을 초월하여 자기 백성을 축복하십니다.

그러므로 붙어도 복이고 떨어져도 복입니다. 붙거나 떨어지거나 어떤 환경에서도 주님을 만나는 것이 인생 최고의 축복입니다. 별 인생이 없습니다. 붙든지 떨어지든지 내게 제비 뽑아 주신 땅에서 순종하며 사는 것이 최고의 인생입니다. 그것이 내 인생에 하나님의 약속이 성취되는 길입니다.

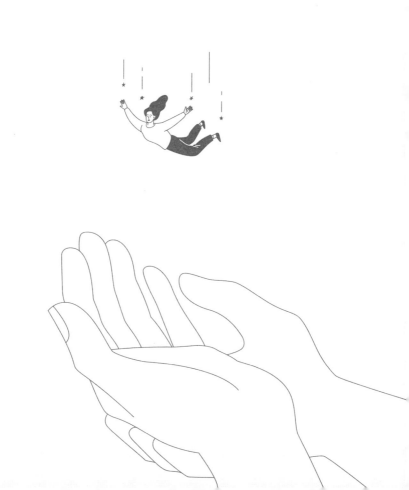

# 붙회떨감

## 붙으면 회개 떨어지면 감사

**초판 발행일** | 2024년 8월 21일

**지은이** | 김양재

**발행인** | 김양재
**편집인** | 송민창
**편집장** | 김윤현
**편집** | 정지현 정연욱 진민지 고윤희 이은영
**디자인** | 디브로
**일러스트** | 이세연

**발행처** | 큐티엠
**주소** | 경기도 성남시 분당구 판교공원로2길 22, 4층 큐티엠 (우)13477
**편집 문의** | 070-4635-5318    **구입 문의** | 031-707-8781
**팩스** | 031-8016-3193
**홈페이지** | www.qtm.or.kr    **이메일** | books@qtm.or.kr
**인쇄** | ㈜신성토탈시스템
**총판** | ㈔사랑플러스 02-3489-4300

ISBN | 979-11-92205-95-3

큐티엠(QTM, Question Thinking Movement)은 '날마다 큐티'하는 말씀묵상 운동을 통해
영혼을 구원하고, 가정을 중수하고, 교회를 새롭게 하는 일에 헌신합니다.